# HERNANDES DIAS LOPES

100 MENSAGENS INSPIRADORAS **PARA ENRIQUECER SEU SERMÃO**

# PREGAÇÃO TRANSFORMADORA

© 2020 por Hernandes Dias Lopes

1ª edição: junho de 2020
4ª reimpressão: janeiro de 2025

*Revisão:* Josemar de S. Pinto e Sônia Lula)
*Diagramação:* Catia Soderi
*Capa:* Douglas Lucas
*Editor:* Aldo Menezes
*Coordenador de produção:* Mauro Terrengui
*Impressão e acabamento:* Imprensa da Fé

As opiniões, as interpretações e os conceitos desta obra são de responsabilidade de quem a escreveu e não refletem necessariamente o ponto de vista da Hagnos.

Todos os direitos desta edição reservados à
EDITORA HAGNOS LTDA.
Rua Geraldo Flausino Gomes, 42, conj. 41
CEP 04575-060 — São Paulo, SP
Tel.: (11) 5990-3308

E-mail: editorial@hagnos.com.br | Home page: www.hagnos.com.br
Editora associada à Associação Brasileira de Direitos Reprográficos (ABDR)

**Dados Internacionais de Catalogação na Publicação (CIP)**

Lopes, Hernandes Dias

Pregação transformadora: 100 mensagens inspiradoras para enriquecer seu sermão / Hernandes Dias Lopes. — São Paulo: Hagnos, 2020.

ISBN 978-65-86048-36-0

1. Pregação  2. Palavra de Deus (Teologia cristã)  3. Escrituras – Sermões   4. Jesus Cristo  I. Título

20-1983

CDD-251

**Índices para catálogo sistemático:**

1. Pregação – Palavra de Deus – Fidelidade 251
Angélica Ilacqua CRB-8/7057

# DEDICATÓRIA

Dedico este livro aos fiéis ministros do evangelho, que se afadigam na Palavra, para pregarem o evangelho com fidelidade, zelo e unção do Espírito, para a salvação dos pecadores, a edificação da igreja e a glória de Deus.

# SUMÁRIO

*Prefácio*.................................................................................... 9

*Introdução* ............................................................................. 11

1. A festa do pecado termina em tragédia.................................. 13

2. A gloriosa doutrina da eleição ............................................. 15

3. A gloriosa obra do Espírito Santo ........................................ 17

4. A igreja fora dos portões no exercício da misericórdia............ 19

5. A igreja precisa de poder .................................................... 21

6. A igreja que precisamos ser ................................................ 23

7. A ira de Deus.................................................................... 25

8. A loucura da pregação........................................................ 27

9. A mesa da comunhão ......................................................... 29

10. A morte de Jesus não foi um acidente................................. 31

11. A singularidade do evangelho ............................................ 33

12. A suprema importância da Palavra de Deus.......................... 35

13. Ainda anseio por um avivamento........................................ 37

14. Alegria indizível e cheia de glória ...................................... 39

15. Aos pés do Salvador: o melhor lugar do mundo ................... 41

16. As glórias do nosso Salvador ............................................. 43

17. As marcas de um crente maduro ......................................... 45

18. As marcas de uma igreja que impactou o mundo................... 47

19. As mulheres na perspectiva do evangelista Lucas ................. 49

20. Casamento é parceria; não competição ............................... 53

21. Cobiça: o pecado secreto .................................................. 55

22. Como devemos adorar a Deus ............................................ 57

23. Como encontrar refúgio em Deus........................................ 61

24. Jesus voltará e não tardará ............................................... 63

25. Como será o corpo da ressurreição? ................................... 67

26. Como ter relacionamentos saudáveis na igreja ..................... 69

27. Considere-se morto! ......................................................... 71

28. Debaixo do cajado de Jesus ............................................... 73

PREGAÇÃO TRANSFORMADORA

29. Desculpas, meras desculpas ....................................................... 75
30. Deus confronta o Seu povo ...................................................... 79
31. Encarnação: o grande mistério do cristianismo .......................... 81
32. Estive com fome e me destes de comer ...................................... 83
33. Eu sei em quem tenho crido ..................................................... 85
34. Fruto, nunca mais! ................................................................... 87
35. Há esperança para aquele que pecou ......................................... 89
36. Há perdão para quem caiu ........................................................ 91
37. Integridade inegociável ............................................................ 93
38. Um clamor pela intervenção divina ........................................... 95
39. Jesus Cristo, o grande "Eu Sou" ............................................... 97
40. Lições importantes da genealogia de Jesus ................................ 99
41. Mães que influenciaram a história ........................................... 101
42. Motivos eloquentes para exaltarmos o nosso Deus e Pai ........... 103
43. Não fale mal do seu próximo ................................................... 105
44. Não somos mais escravos, pois o reinado do pecado acabou! ..... 107
45. Nós somos a morada de Deus .................................................. 109
46. Nós somos um corpo, o corpo de Cristo ................................... 111
47. O clamor do aflito .................................................................. 113
48. O consolo de Deus ................................................................. 115
49. O cordão de três dobras .......................................................... 117
50. Quando Deus se alegra com o Seu povo ................................... 119
51. O ensino de Jesus sobre a oração ............................................. 121
52. O esplêndido ministério de Jesus ............................................. 123
53. O evangelho: a Boa-nova do céu à terra ................................... 125
54. O pavio de estopa .................................................................. 127
55. O perdão ilimitado ................................................................. 129
56. O poder devastador da mentira ................................................ 131
57. O preceito divino sobre o casamento ....................................... 133
58. O que podemos aprender com a palmeira, o símbolo do justo? ... 135
59. O reavivamento promovido pela Palavra de Deus ...................... 137
60. O testemunho de um grande livramento ................................... 139
61. O trabalho glorifica a Deus, dignifica o homem e abençoa o próximo ... 141
62. O vento do Espírito ................................................................ 143
63. Os privilégios daqueles que temem ao Senhor .......................... 145
64. Os símbolos da humilhação e da exaltação de Jesus ................... 147

## SUMÁRIO

65. Passos necessários para o perdão .................................................................149

66. Perdoados e perdoadores...............................................................................151

67. Perigos e promessas acerca dos dízimos .....................................................153

68. Por que desejo ser um presbítero? ...............................................................155

69. Os gemidos da criação, da igreja e do Espírito Santo ...............................157

70. Quando o amor está mal direcionado..........................................................159

71. Quão glorioso é o evangelho! .......................................................................161

72. Quão glorioso é o nosso Redentor!...............................................................163

73. A quem devemos fazer o bem? .....................................................................165

74. Salmo 91: o poderoso livramento de Deus..................................................167

75. Santos na casa de César.................................................................................169

76. Sem poder, não há eficácia na pregação......................................................171

77. Sete estágios na vida de um homem de Deus..............................................173

78. Simplesmente obedeça!..................................................................................175

79. Reconciliação: obra da graça de Deus.........................................................177

80. Um clamor pela misericórdia divina ...........................................................179

81. Um clamor por reavivamento........................................................................181

82. Uma nação rendida ao crime ........................................................................183

83. Uma poderosa mudança na vida...................................................................185

84. Plenitude do Espírito: ordem de Deus, necessidade da igreja ..................187

85. Você está cheio do Espírito Santo?...............................................................189

86. A importância das conexões na comunicação do evangelho ......................191

87. Você pode ter certeza da sua salvação..........................................................193

88. A indescritível grandeza de Deus.................................................................195

89. Razões para glorificarmos a Deus ...............................................................197

90. A morte de uma igreja...................................................................................199

91. A decadência de uma nação .........................................................................203

92. A ressurreição de Cristo: a melhor notícia que o mundo já ouviu.............205

93. A soberania de Deus na salvação..................................................................207

94. Alcoolismo: uma tragédia nacional..............................................................209

95. Amor: a verdadeira marca do cristão ..........................................................211

96. Como lidar com a dor da alma......................................................................213

97. Como lidar vitoriosamente com as críticas .................................................215

98. Procure o que foi perdido dentro da sua casa.............................................217

99. Encurralado por Deus....................................................................................219

100. Jesus: o remédio para uma igreja enferma.................................................221

# PREFÁCIO

Tenho grande alegria de passar às mãos dos nossos leitores esta obra sobre pregação transformadora. São cem mensagens, pelas quais buscamos oferecer diversos modelos de pregação, tais como sermões expositivo, textual e temático.

Estou plenamente convencido de que é pela pregação que Deus chama os seus escolhidos para a salvação. É pela pregação que Deus governa o seu povo. É pela pregação que Deus alimenta, orienta, corrige e fortalece a sua igreja. O púlpito comprometido com a verdade é o trono de Deus de onde ele governa a sua igreja. Precisamos, portanto, resgatar a supremacia das Escrituras e a primazia da pregação.

A pregação fiel das Escrituras é a maior necessidade do mundo e a maior responsabilidade da igreja. Esse glorioso ministério não foi dado aos anjos nem aos poderosos deste século, mas à igreja. A pregação é uma tarefa exclusiva da igreja. É uma missão imperativa, intransferível e impreterível.

A saúde espiritual da igreja passa pela fiel pregação das Escrituras. A igreja estará de pé ou cairá, dependendo do compromisso dos púlpitos com a pregação fiel da Palavra. É pela pregação que a igreja cresce numérica e espiritualmente. É pela pregação que a igreja é santificada e desafiada a cumprir sua missão no mundo.

As mensagens aqui registradas podem ser usadas no púlpito, nas escolas bíblicas dominicais e em estudos de pequenos grupos. Podem, do mesmo modo, ser sementes para uma exposição mais abrangente dos textos. Rogo a Deus que você, ao ler estas mensagens, tenha seu coração aquecido como o meu ficou ao escrevê-las.

Boa leitura!

*Hernandes Dias Lopes*

# INTRODUÇÃO

Pela graça de Deus, tenho percorrido o Brasil, de norte a sul, de leste a oeste, pregando a Palavra, isso em mais de 1.500 igrejas das mais variadas denominações evangélicas. Tenho pregado também em muitos países e me dedicado a essa nobilíssima tarefa. Nossa convicção inabalável é que a Palavra de Deus é inspirada, inerrante, infalível e suficiente. Ela é o conteúdo da nossa pregação. Não pregamos a nós mesmos, mas a Cristo, e este crucificado. Pregamos não nossos pensamentos, mas a Palavra de Deus. Preparamos o sermão, mas não a mensagem. Não pregamos sobre a Palavra, mas a Palavra. O mandamento apostólico é: *prega a palavra...* (2Timóteo 4:2). A mensagem deve ser extraída do texto bíblico, sem impor ideias humanas ao texto. Não criamos a mensagem; entregamo-la. Não somos senhores da mensagem, mas servos dela. Somos arautos de Deus, embaixadores de Cristo, instrumentos nas mãos do Eterno para pregar Sua santa Palavra a tempo e fora de tempo.

Estou convencido de que neste mundo de pluralismo, relativismo e subjetivismo e de tantas igrejas que sucumbiram, por um lado, ao liberalismo teológico e, por outro, ao sincretismo, as igrejas que permanecerem fiéis às Escrituras, dando pão ao povo em vez da palha de doutrinas estranhas às Escrituras, serão o porto seguro para aqueles que, exaustos, buscam a verdade.

A pregação da Palavra de Deus tem sido a grande marca da igreja verdadeira ao longo dos séculos. Sempre que a pregação ocupou primazia na agenda da igreja, esta caminhou vitoriosamente. No entanto, nos períodos em que a pregação perdeu o vigor, a igreja ficou desidratada e cambaleou em sua trajetória.

A igreja evangélica brasileira necessita, urgentemente, voltar-se para as Escrituras, reconhecendo a supremacia da Palavra e a primazia da pregação. A pregação é o ministério mais elevado da igreja e a mais profunda necessidade do mundo. A igreja pode existir sem prédio, sem liturgia e até sem credo, mas não pode existir sem a pregação da Palavra de Deus. Deus chama os pecadores ao arrependimento pela Palavra. ... *a fé é pelo ouvir, e o* ouvir pela Palavra de Deus (Romanos 10:17, ARC). Somos santificados pela Palavra. Deus instruiu Seu povo no caminho da piedade pela Palavra. O Espírito Santo realiza Sua obra de conversão, santificação e consolação por meio da Palavra. A pregação confronta os inconversos e edifica a igreja. A pregação abala os acomodados e conforta os aflitos.

Não existe saúde espiritual para a igreja sem uma pregação fiel e vigorosa das Escrituras. O púlpito não deve ser um palco onde o pragmatismo se apresente; uma academia onde o ego humano seja massageado; uma feira de vaidades onde o pregador exponha arrogantemente suas ideias; uma tribuna onde os direitos humanos sejam alardeados. O púlpito precisa ser o megafone de Deus pelo qual Sua Palavra é proclamada e aplicada, no poder do Espírito Santo.

Estou convencido, portanto, de que a tarefa de pregar é o chamado mais alto e glorioso que alguém pode receber. A pregação é a mais elevada tarefa deste mundo, pois é uma missão que tem consequências eternas.

# 1

# A FESTA DO PECADO
# TERMINA EM TRAGÉDIA

(Daniel 5:1-31)

O Carnaval é a maior festa popular do Brasil. Essa festa faz propaganda de seu luxo e alegria, mas termina em cinzas. De igual modo, o livro do profeta Daniel registra a festa promovida pelo rei Belsazar, com mil de seus ilustres convidados, na orgulhosa e inexpugnável cidade da Babilônia, capital do mais poderoso império do mundo. Festejaram, beberam e deram louvores a seus deuses na própria noite em que o rei foi morto e a Babilônia caiu nas mãos dos medos e dos persas. Esse episódio possibilita-nos algumas lições:

Em primeiro lugar, *a festa do pecado profana as coisas sagradas* (Daniel 5:1-4). Belsazar, insatisfeito com o *glamour* de sua festa e com a bebedeira ao lado dos grandes de seu império, bem como de suas mulheres e concubinas, mandou trazer os utensílios sagrados, que haviam sido saqueados do templo de Jerusalém, para beber com eles. Nessa festa do pecado, profanaram as coisas sagradas, ultrajaram o nome de Deus e acumularam sobre si mesmos a justa ira de Deus. Ainda hoje, aqueles que se rendem aos apetites desenfreados da carne não hesitam em profanar as coisas de Deus e em menosprezar as coisas sagradas.

Em segundo lugar, *a festa do pecado enfrenta a visitação do juízo divino* (Daniel 5:5-9). No mesmo instante em que Belsazar estava blasfemando contra Deus, usando os utensílios do templo para sua diversão carnal, apareceram uns dedos de mão de homem escrevendo palavras misteriosas na caiadura da parede do rico salão imperial onde estavam festejando. O semblante do rei descaiu, e seus pensamentos foram turbados. O pânico tomou conta daquele ambiente dominado pela diversão. Pensando estar no controle da situação, o rei ordena que se tragam os encantadores para decifrarem as

PREGAÇÃO TRANSFORMADORA

palavras misteriosas. O rei ofereceu riquezas e prestígio em seu reino a quem pudesse trazer luz às suas densas trevas. Tudo em vão, os encantadores não puderam explicar para o rei o significado das palavras misteriosas. Isso apenas acrescentou mais temor ao seu coração já sobressaltado.

Em terceiro lugar, *a festa do pecado é confrontada pelo profeta de Deus* (Daniel 5:10-29). Aquilo que os encantadores não puderam explicar, Daniel explicou. O rei ofereceu a ele presentes e prestígio, e ele recusou. Daniel não era um profeta da conveniência nem tinha vendido sua consciência por dinheiro. Mostrou ao rei que o reino da Babilônia havia sido dado por Deus a Nabucodonosor, seu pai. Toda a grandeza e riqueza daquele vasto império era obra de Deus; não engenho político do grande monarca. Mostrou, ainda, que, em virtude da soberba de Nabucodonosor, Deus o tirou do trono e o fez comer erva como os bois, até que reconhecesse que Deus, o Altíssimo, tem domínio sobre os reinos dos homens e a quem quer constitui sobre eles. Agora, Daniel confronta Belsazar, dizendo que ele, sendo testemunha de tudo isso, não se humilhou, antes se levantou contra o Senhor do céu e profanou os utensílios sagrados, tirados do templo de Jerusalém. Daniel diz a Belsazar que, agora, o Deus em cuja mão está a vida do rei enviou a mão para escrever na parede uma mensagem de juízo. A escritura foi esta: MENE, MENE, TEQUEL e PARSIM. Esta é a interpretação: "Contou Deus o teu reino e deu cabo dele. Pesado foste na balança e achado em falta. Dividido foi o teu reino e dado aos medos e aos persas". Oh, quão trágica foi aquela festa! Naquela noite, Deus pesou Belsazar na balança e o achou em falta. Naquela noite, Deus contou o reino da Babilônia e disse: acabou! Naquela noite, o reino da Babilônia foi dividido e entregue nas mãos dos medos e dos persas.

Em quarto lugar, *a festa do pecado termina com a morte do rei e a queda do reino* (Daniel 5:30,31). Naquela mesma noite, Belsazar, o rei dos caldeus, foi morto e Dario, o medo, se apoderou do reino. O jovem rei, cercado de riqueza e poder, foi ceifado pela morte imediatamente, e a orgulhosa e inexpugnável Babilônia caiu nas mãos de outro império. Oh, quão vulnerável é a força do braço da carne! Quão tola é a confiança do homem nos poderes da terra! Quão passageiras são as alegrias do pecado! Quão trágico é o homem chegar ao final da vida e não estar preparado para se encontrar com Deus!

# 2

# A GLORIOSA DOUTRINA DA ELEIÇÃO

(Efésios 1:4)

A doutrina da eleição não provém de especulação humana, mas da revelação divina. Não é uma doutrina criada pela igreja, mas dada a ela para seu deleite espiritual. Embora seja essa uma verdade pouco compreendida e fortemente resistida, constitui um dos pilares da fé cristã ao longo dos séculos. Patriarcas, profetas, apóstolos, mártires, reformadores, puritanos e fiéis servos do Senhor ao longo dos séculos têm erguido essa tremulante bandeira. A doutrina da eleição, longe de estimular a desídia ou o descuido espiritual, incentiva a santidade (2Tessalonicenses 2:13). Longe de apagar o ímpeto evangelístico da igreja, é sua garantia de pleno êxito. O apóstolo Paulo foi encorajado a pregar em Corinto, porque Deus tinha muito povo naquela cidade (Atos 18:10). Algumas verdades devem ser aqui enfatizadas, em relação a esse magno assunto:

Em primeiro lugar, *o autor da eleição* (Efésios 1:4). Deus é o autor da eleição (2Timóteo 1:9). Não é o homem quem escolhe a Deus; é Deus quem escolhe o homem (João 15:16). Não fomos nós quem amamos a Deus primeiro; foi Ele quem nos amou com amor eterno e nos atraiu com benignidade (1João 4:10; Jeremias 31:3). Nosso amor por Deus é apenas um refluxo do fluxo de Seu amor por nós. Deus não nos escolheu porque previu que iríamos crer em Cristo; nós cremos em Cristo porque Deus nos destinou para a vida eterna (Atos 13:48). A fé não é a causa da nossa eleição, mas o seu resultado. Jesus foi enfático: *Ninguém pode vir a mim se o Pai, que me enviou, não o trouxer* (João 6:44).

Em segundo lugar, *o agente da eleição*. Deus nos escolheu em Cristo (Efésios 1:4). Não há eleição fora de Cristo nem redenção fora de Sua obra

PREGAÇÃO TRANSFORMADORA

vicária. A eleição divina não exclui a obra expiatória de Cristo, realizada na cruz. Ao contrário, Ele morreu por todos aqueles que o Pai Lhe deu antes da fundação do mundo. Jesus morreu pelas Suas ovelhas (João 10:11). Ele comprou a igreja com o Seu sangue (Atos 20:28). Sua morte não apenas possibilitou nossa salvação, mas também a garantiu, pois Ele morreu como nosso substituto. Ele morreu em nosso lugar, em nosso favor, para nos dar a vida eterna. Jesus garante salvação a todos aqueles que recebeu do Pai: *Todo aquele que o Pai me dá, esse virá a mim; e o que vem a mim, de modo nenhum o lançarei fora* (João 6:37).

Em terceiro lugar, *o tempo da eleição* (Efésios 1:4). Deus nos escolheu em Cristo para a salvação, e isso antes da fundação do mundo, antes dos tempos eternos (2Timóteo 1:9). O universo ainda dormia na mente de Deus, nos refolhos da eternidade, quando Deus já havia posto o Seu coração em nós e nos escolhido em Cristo (Romanos 8:29,30). A eleição divina, portanto, é incondicional. Deus não nos escolheu por qualquer mérito que em nós pudesse existir, pois ainda não tínhamos vindo à existência. A base da eleição não é o mérito humano, mas a graça divina. Não fomos eleitos por causa da nossa fé, mas para a fé. Não fomos eleitos porque cremos; cremos porque fomos eleitos.

Em quarto lugar, *o propósito da eleição* (Efésios 1:4). Deus nos escolheu em Cristo, antes da fundação do mundo, para sermos santos e irrepreensíveis. Deus nos escolheu para a santidade; não por causa dela. Deus nos escolheu para as boas obras; não em virtude delas (Efésios 2:10). A eleição divina precisa ser confirmada, e a única maneira de fazê-lo é demonstrando uma vida de santidade. A doutrina da eleição, longe de servir de base para uma vida mundana, é o fundamento de uma vida santa. Somos eleitos para a fé (Atos 13:48). Somos eleitos para a santidade (Efésios 1:4). Somos eleitos para a obediência (1Pedro 1:2). Somos eleitos para as boas obras (Efésios 2:10). Concluo, portanto, dizendo que, em vez de ficarmos especulando sobre essa verdade bíblica, deveríamos nos humilhar sob a poderosa mão de Deus, dando a Ele toda a glória por Sua graça inefável, que por amor de nós não poupou a Seu próprio Filho, antes por todos nós O entregou para ser nosso Redentor.

# 3

# A GLORIOSA OBRA DO ESPÍRITO SANTO

(João 3:5)

O Espírito Santo é Deus. Tem os mesmos atributos e realiza as mesmas obras exclusivas de Deus. Ele é a terceira pessoa da Trindade. Esteve presente na obra da criação e opera eficazmente na aplicação da salvação. Elencaremos, a seguir, algumas obras do Espírito Santo:

Em primeiro lugar, *Ele convence o homem do pecado* (João 16:8). Nenhum pecador teria consciência do seu pecado nem chegaria ao arrependimento sem a obra do Espírito Santo. É Ele quem nos convence do pecado e nos abre os olhos espirituais para enxergamos Cristo como Salvador.

Em segundo lugar, *Ele regenera o pecador* (João 3:5). O homem é concebido em pecado, nasce com uma natureza inclinada ao pecado e não pode mudar a si mesmo. Só o Espírito Santo pode mudar as disposições íntimas da nossa alma e nos fazer uma nova criatura. Somente o Espírito Santo pode nos dar um novo coração, uma nova mente e uma nova vida. Apenas pela obra do Espírito Santo o pecador pode ser regenerado, nascer de novo e fazer parte da família de Deus.

Em terceiro lugar, *Ele sela o crente como propriedade exclusiva de Deus* (Efésios 1:13). Quando cremos em Cristo, pela pregação do evangelho, somos selados pelo Espírito Santo da promessa. O selo fala de propriedade: passamos a pertencer à família de Deus. O selo fala de pureza: a obra realizada por nós, em nós e através de nós é genuína e verdadeira. O selo fala de inviolabilidade: ninguém pode nos arrancar das mãos de Cristo (João 10:28). Temos uma segurança eterna.

Em quarto lugar, *Ele é o penhor que nos dá garantia da nossa redenção* (Efésios 1:14). No exato momento em que depositamos nossa fé em Cristo e recebemos

PREGAÇÃO TRANSFORMADORA

a vida eterna, o Espírito Santo nos é dado como garantia de que aquela obra, que foi começada em nós, será completada até o dia final (Filipenses 1:6). É como um anel de noivado, que sinaliza a promessa da consumação do casamento. O Espírito Santo em nós é essa garantia divina de que na glorificação seremos apresentados como noiva imaculada e sem defeito ao Noivo celeste.

Em quinto lugar, *Ele batiza o crente no corpo de Cristo* (1Coríntios 12:13). Todo aquele que crê em Cristo é introduzido na igreja de Deus, o corpo de Cristo, pela obra do Espírito Santo. Nenhuma denominação religiosa ou rito sagrado pode nos fazer participantes da igreja, cujos membros estão arrolados no céu. Somente o Espírito Santo tem essa competência.

Em sexto lugar, *Ele dá dons espirituais aos salvos* (1Coríntios 12:7-11). O Espírito Santo é o capacitador dos salvos para o serviço de Deus. Ele concede dons diversos aos filhos de Deus, segundo Sua soberana vontade. Esses dons são uma capacitação especial para o desempenho do ministério. Não há nenhum salvo sem dom espiritual e nenhum salvo com todos os dons espirituais. No corpo de Cristo, não pode existir complexo de inferioridade nem complexo de superioridade; deve, sim, existir mutualidade. Esses dons devem ser exercidos não para a glória pessoal de cada membro, mas para a edificação e crescimento do corpo de Cristo, bem como para a glória de Deus.

Em sétimo lugar, *Ele dá poder aos santos para testemunhar* (Atos 1:8). Não há testemunho eficaz do evangelho sem poder, e não há poder sem a operação do Espírito Santo. A obra de Deus não é feita na força do braço da carne, mas na virtude e no poder do Espírito Santo (Zacarias 4:6). Ele dá poder à igreja para sair da especulação doutrinária para o campo da ação missionária (Atos 1:6-8). Ele capacita a igreja a romper barreiras culturais, étnicas e religiosas, a fim de que o evangelho chegue até os confins da terra. Ele dá poder à igreja para perdoar seus inimigos e amar até aqueles que a perseguem. Ele dá poder à igreja para morrer pela causa do evangelho e não retroceder diante do sofrimento. Ele dá poder à igreja para pregar a toda criatura e fazer discípulos de todas as nações. Sem o poder do Espírito Santo, a igreja não cumpre a grande comissão. Sem o poder do Espírito Santo, a igreja não vive em santidade nem marcha vitoriosamente em sua jornada rumo à glória. Nós precisamos do Espírito Santo!

# 4

# A IGREJA FORA DOS PORTÕES
# NO EXERCÍCIO DA MISERICÓRDIA

## (Gálatas 2:10)

A igreja é o povo chamado para fora do mundo, para estar no mundo, mesmo não sendo do mundo, para exercer no mundo a misericórdia. A evangelização e a ação social não estão em conflito, mas completam-se. A igreja apostólica ao mesmo tempo que levou o evangelho às províncias do Império Romano, plantando igrejas e alargando as fronteiras do reino de Deus, socorreu os pobres (Gálatas 2:10; 2Coríntios 8:1-4). A ação social não é um substituto do evangelho, mas uma demonstração de sua eficácia. Socorrer os aflitos em suas necessidades não é um método de evangelismo, mas uma demonstração da misericórdia de Deus. As boas obras não são a causa da nossa salvação, mas o resultado dela. Somos salvos pela graça, mediante a fé, para as boas obras. Não somos salvos pela fé *mais* as obras; somos salvos pela fé *para* as boas obras. Destacaremos três verdades solenes sobre esse magno assunto:

Em primeiro lugar, *a igreja é o povo que manifesta ao mundo a misericórdia de Deus* (Mateus 25:34-40). A igreja alcançada pela graça demonstra ao mundo a misericórdia divina através de atos concretos de bondade. Devemos demonstrar amor prático aos membros da nossa família, aos domésticos da fé e até mesmo aos nossos inimigos. Nosso amor não deve ser apenas de palavras. Não podemos despedir vazios os famintos nem tapar os ouvidos ao clamor do aflito. Seremos julgados no dia do juízo não só pelas nossas ações, mas também pela nossa omissão. Dar pão ao faminto, água ao sedento, roupa ao nu, abrigo ao forasteiro e visitar os presos e enfermos são demonstrações concretas do amor cristão. Nossa profissão de fé ortodoxa, pregada e cantada dentro do templo, precisa ser demonstrada no amor ao próximo fora dos portões.

# PREGAÇÃO TRANSFORMADORA

Em segundo lugar, *a igreja é o povo que demonstra o seu amor por Deus ao amar de forma prática os necessitados* (1João 4:20). Não podemos dizer que amamos a Deus a quem não vemos se não amamos o nosso próximo a quem vemos. O apóstolo João escreve: *Ora, aquele que possuir recursos deste mundo, e vir a seu irmão padecer necessidade, e fechar-lhe o seu coração, como pode permanecer nele o amor de Deus?* (1João 3:17). Tiago corrobora: *Meus irmãos, qual é o proveito, se alguém disser que tem fé, mas não tiver obras? Pode, acaso, semelhante fé salvá-lo? Se um irmão ou uma irmã estiverem carecidos de roupa e necessitados do alimento cotidiano, e qualquer dentre vós lhes disser: Ide em paz, aquecei-vos e fartai-vos, sem, contudo, lhes dar o necessário para o corpo, qual é o proveito disso? Assim, também a fé, se não tiver obras, por si só está morta* (Tiago 2:14-17). O sacrifício que agrada a Deus é o exercício da misericórdia. Na imortal parábola do bom samaritano, Jesus destacou que o nosso próximo é todo aquele que está ao nosso alcance, precisando do nosso socorro (Lucas 10:25-37). O profeta Isaías foi enfático quando disse que o jejum que Deus requer do Seu povo é que ele reparta o pão com o faminto, recolha em casa os pobres e desabrigados, cubra o nu e não se esconda de seu semelhante (Isaías 58:7).

Em terceiro lugar, *a igreja é o povo que faz do socorro ao necessitado um culto de adoração a Deus* (Filipenses 4:18). O apóstolo Paulo chamou a oferta recebida da igreja de Filipos de sacrifício aceitável e aprazível a Deus (Filipenses 4:18). Quando estendemos as mãos para socorrer o necessitado à nossa porta, isso sobe à presença de Deus como aroma suave. A Bíblia diz que as orações e as esmolas de Cornélio subiram para memória diante de Deus (Atos 10:4). O sacrifício que agrada a Deus é o exercício da misericórdia. O autor aos Hebreus afirma: *Não negligencieis, igualmente, a prática do bem e a mútua cooperação; pois, com tais sacrifícios, Deus se compraz* (Hebreus 13:16). Quando as boas obras da igreja são vistas na terra, Deus é glorificado no céu (Mateus 5:16). Quando o serviço da assistência da igreja supre as necessidades dos santos, isso redunda em muitas graças a Deus (2Coríntios 9:12). Ajudar o próximo não deveria ser visto por nós como um pesado dever, mas como uma graça, como um favor imerecido de Deus. O apóstolo Paulo diz que os crentes da Macedônia pediram com muitos rogos a graça de participarem da assistência aos santos (2Coríntios 8:4). É hora, portanto, de amarmos o nosso próximo, fora dos portões, não apenas de palavra, mas de fato e de verdade (1João 3:18)!

# 5

# A IGREJA PRECISA DE PODER

## (Atos 1:8)

A igreja é o povo chamado para fora do mundo, para voltar ao mundo, como testemunha de Cristo no mundo. Não sendo do mundo, a igreja vive no mundo, para pregar o evangelho por todo o mundo, a toda criatura, fazendo discípulos de todas as nações, até os confins da terra. Para cumprir essa grande comissão, a igreja precisa de poder. Destacamos, com base no texto de Atos 1:8, quatro verdades:

Em primeiro lugar, *uma capacitação sobrenatural.* — *Mas recebereis poder...* A igreja não realiza a grande comissão com seus próprios recursos. Não podemos pregar, testemunhar e fazer discípulos desprovidos de poder. Esse poder não é uma habilidade inata que possuímos. Não é resultado do conhecimento que acumulamos. Esse poder não é produto da nossa experiência nem mesmo vem como consequência da nossa maturidade cristã. Esse poder é sobrenatural e irresistível. A palavra grega usada aqui é *dunamis,* de onde vem a palavra "dinamite". A dinamite esmiúça as pedras mais duras e derruba as estruturas mais sólidas. Esse poder é capaz de transformar o pecador mais rebelde em um servo do Altíssimo. É capaz de transformar um Saulo de Tarso, o mais temido inimigo do cristianismo, no mais poderoso apóstolo de Cristo.

Em segundo lugar, *uma origem celestial.* — *... ao descer sobre vós o Espírito Santo...* O poder que a igreja precisa não vem da terra, mas do céu. Não vem dos homens, mas do Espírito Santo de Deus. Não podemos fazer a obra de Deus sem o poder do Espírito Santo. É o Espírito Santo quem nos convence do pecado. É o Espírito Santo quem nos regenera. É o Espírito Santo quem nos batiza no corpo de Cristo. É o Espírito Santo quem nos sela para o dia

PREGAÇÃO TRANSFORMADORA

da redenção. É o Espírito Santo quem nos transforma à imagem de Cristo e nos santifica. É o Espírito Santo quem nos dá poder para testemunhar. Não podemos fazer a obra de Deus fiados em conhecimento ou métodos. Precisamos de poder, do poder do Espírito Santo. Fazer a obra de Deus confiados em nós mesmos é o mesmo que tentar cortar uma árvore com o cabo do machado. A Palavra de Deus é categórica: *Não por força nem por poder, mas pelo meu Espírito, diz o Senhor dos Exércitos* (Zacarias 4:6).

Em terceiro lugar, *uma missão essencial. — ... e sereis minhas testemunhas...* A igreja recebe poder para testemunhar. A nossa pregação não pode consistir apenas em palavras de sabedoria humana. Precisamos de uma capacitação sobrenatural. Não recebemos poder para ficar trancados dentro de quatro paredes. Não recebemos poder para nos consumirmos em intérminas e inócuas discussões. Não recebemos poder para promover a nós mesmos. Recebemos poder para testemunhar. Uma igreja revestida com o poder do Espírito Santo tem coração aquecido, pés velozes e lábios abertos para testemunhar de Cristo. Uma igreja fortalecida com esse poder sai do campo da especulação teológica para o campo da ação missionária. Uma igreja cheia do Espírito exerce perdão, derruba as paredes da inimizade e constrói pontes de reconciliação. Judeus e samaritanos são transformados e reconciliados. Samaria e Judeia, outrora inimigas, dão as mãos para caminhar juntas.

Em quarto lugar, *uma abrangência universal — ... tanto em Jerusalém como em toda a Judeia e Samaria e até aos confins da terra.* Uma igreja cheia do Espírito Santo começa em sua Jerusalém, alcança sua região, atravessa suas fronteiras étnicas e alarga seus horizontes até os confins da terra. Sem o poder do Espírito Santo, vamos olhar apenas para nós mesmos. Vamos investir apenas em nós mesmos. Sem o poder do Espírito Santo, vamos transformar *koinonia* (comunhão) em *koinonite* (adoecimento das relações). Sem o poder do Espírito Santo, vamos nos bastar a nós mesmos, apascentar a nós mesmos e sonegar a mensagem salvadora do evangelho aos povos. Nossa tarefa é imperativa, intransferível e impostergável. É tempo de alcançarmos, com o evangelho da graça, a nossa cidade, o nosso estado, o nosso país e as nações da terra!

# 6

# A IGREJA QUE PRECISAMOS SER

(1Coríntios 12:12-26)

O apóstolo Paulo, o maior bandeirante do cristianismo, escrevendo sua primeira epístola aos Coríntios, destaca três características da igreja: unidade, diversidade e mutualidade. Depois de alertar para o fato de divisões internas na igreja (caps. 1—4), problemas morais (cap. 5), contendas entre os crentes (cap. 6), problemas familiares (cap. 7), falta de compreensão sobre os limites da liberdade cristã (caps. 8—10), incompreensão e indisciplina na celebração da ceia (cap. 11), o apóstolo passa a tratar sobre dons espirituais e a maneira pela qual os membros devem tratar uns aos outros (cap. 12). Destacamos três verdades solenes:

Em primeiro lugar, *a unidade da igreja* (1Coríntios 12:12,13). O corpo é um, mas tem muitos membros. Os membros, embora muitos e diferentes, fazem parte de um só corpo. Os membros de um corpo cooperam uns com os outros em vez de guerrear uns com os outros. Os membros protegem uns aos outros em vez de ferir uns aos outros. Todos os membros trabalham para o corpo. Vivem para servir ao corpo. Cada membro tem seu valor e cada um é indispensável para o bom funcionamento do corpo. Todos nós, diferentes membros do corpo — judeus ou gentios, ricos ou pobres, doutores ou analfabetos, homens ou mulheres, jovens ou anciãos — fomos batizados pelo mesmo Espírito no mesmo corpo. Somos uma unidade. Somos um só corpo, uma só família, um só rebanho, uma só igreja.

Em segundo lugar, *a diversidade da igreja* (1Coríntios 12:14-24). Depois de tratar da unidade do corpo, Paulo passa a falar sobre a diversidade dos membros. No corpo, os membros são diversos, mas não descartáveis. Têm funções diferentes, mas nenhum membro é autossuficiente. Os membros,

## PREGAÇÃO TRANSFORMADORA

embora diferentes, não vivem para si, mas para servir uns aos outros e trabalhar para o bem do corpo. Nessa diversidade, dois perigos devem ser evitados: Primeiro, o complexo de inferioridade (1Coríntios 12:15-17). O pé não pode dizer à mão: *Porque não sou mão, não sou do corpo*. O ouvido não pode dizer ao olho: *Porque não sou olho, não sou do corpo. Se todo o corpo fosse olho, onde estaria o ouvido? Se todo fosse ouvido, onde, o olfato?* Os membros do corpo não disputam preeminência, pois foi Deus quem dispôs os membros, *colocando cada um deles no corpo, como lhe aprouve* (1Coríntios 12:18). Já imaginou um corpo com um só membro? Não seria um corpo! (1Coríntios 12:19). Paulo conclui, dizendo: *O certo é que há muitos membros, mas um só corpo* (1Coríntios 12:20). O segundo perigo: o complexo de superioridade (1Coríntios 12:21-24). O apóstolo Paulo argumenta: *Não podem os olhos dizer à mão: Não precisamos de ti; nem ainda a cabeça, aos pés: Não preciso de vós* (1Coríntios 12:21). Os membros do corpo que parecem mais fracos são necessários e também revestidos de mais honra. É assim que Deus dispôs os membros no corpo, para que não houvesse sentimento de autodesprezo nem atitude de arrogância. A igreja não é uma feira de vaidades nem uma passarela onde cada um se exibe. A igreja é um corpo, onde os membros são diferentes e cada um deles de máxima utilidade e importância.

Em terceiro lugar, *a mutualidade da igreja* (1Coríntios 12:25,26). Nossas diferenças como membros do corpo não devem estimular a divisão da igreja, mas a mútua cooperação. Devemos cooperar uns com os outros em vez de lutar uns contra os outros. Devemos proteger uns aos outros em vez de ferir uns aos outros. A dor de um membro deve ser a dor dos outros membros. Ao mesmo tempo, as alegrias de um membro devem ser a celebração dos outros membros. Paulo é enfático quando diz: *De maneira que, se um membro sofre, todos sofrem com ele; e, se um deles é honrado, com ele todos se regozijam* (1Coríntios 12:26). Que honremos a Jesus, o cabeça da igreja, observando Seus preceitos e cuidando uns dos outros, para que a igreja cresça e se fortaleça para a glória de Deus.

# 7

# A IRA
# DE DEUS

## (Romanos 1:18-28)

A ira de Deus não é um capricho. Não é fúria desgovernada. Não é uma explosão de paixão descontrolada. A ira de Deus é Sua santa repulsa contra tudo aquilo que conspira contra Sua santidade. A ira de Deus é pura, justa e necessária. Sendo Deus santo, não pode tolerar o mal. Sendo Deus justo, não pode deleitar-se na injustiça. A ira de Deus é um atributo divino compatível com Sua natureza. O texto de Romanos 1:18-28 trata desse solene tema. Vejamos:

Em primeiro lugar, *a ira de Deus é justa por causa da forma injusta com que o homem se relaciona com a verdade* (Romanos 1:18). — *A ira de Deus se revela do céu contra toda impiedade e perversão dos homens que detêm a verdade pela injustiça.* Assim como a justiça de Deus se revela no evangelho (Romanos 1:17), a ira de Deus se revela do céu contra a maneira rebelde com que os homens tentam sufocar a verdade. Essa rejeição consciente e deliberada da verdade, tentando matá-la por afogamento, provoca a santa ira de Deus. Os homens são ímpios ao rejeitarem Deus e a verdade. Os homens são perversos ao atentarem contra o seu próximo. Porque o homem caiu em estado de pecado e miséria, tanto sua vida espiritual quanto sua vida moral estão em desacordo com a vontade de Deus. As relações do homem com o Criador e com a criatura estão fora de foco.

Em segundo lugar, *a ira de Deus é justa porque o homem jamais peca inocentemente* (Romanos 1:19,20). — *Porquanto o que de Deus se pode conhecer é manifesto entre eles, porque Deus lhes manifestou. Porque os atributos invisíveis de Deus, assim o Seu eterno poder, como também a sua própria divindade, claramente se reconhecem, desde o princípio do mundo, sendo percebidos por meio das coisas que foram criadas. Tais*

PREGAÇÃO TRANSFORMADORA

*homens são, por isso, indesculpáveis*. Deus se revelou na natureza. As digitais do Criador estão por toda parte. Quando o homem rejeita a Deus, seja o índio que vive embrenhado nas selvas, seja o cosmopolita que mora nos arranha-céus das grandes metrópoles, está fazendo isso conscientemente. O ateísmo não é uma questão intelectual, mas moral e espiritual. A rejeição da verdade é uma conspiração deliberada contra o Criador. Quando o homem deixa de ver Deus na criação, não é por uma questão de ausência de provas, mas por uma rebeldia deliberada.

Em terceiro lugar, *a ira de Deus é justa porque o homem não expressa a Deus o culto que lhe é devido, antes rende-se à idolatria e à imoralidade* (Romanos 1:21-28). — *Porquanto, tendo conhecimento de Deus, não o glorificaram como Deus, nem lhe deram graças* [...] *e mudaram a glória do Deus incorruptível em semelhança da imagem de homem corruptível, bem como de aves, quadrúpedes e répteis. Por isso, Deus entregou tais homens à imundícia...* Porque o homem rejeitou a Deus deliberadamente, acabou tornando-se insensato, a ponto de fabricar para si seus próprios deuses. Em vez de glorificar a Deus por quem Ele é e dar graças a Deus pelo que Ele faz, os homens deram asas a seu raciocínio e chegaram à loucura da idolatria, mudando a glória do Deus incorruptível em ídolos parecidos com homens, aves, quadrúpedes e répteis. A degradação do culto é uma ofensa a Deus. Provoca a santa ira de Deus. A rejeição da verdade desemboca na idolatria, e a idolatria deságua na imoralidade. Porque o homem perverteu a natureza do culto, a sua própria natureza foi pervertida. Os homens deixaram o contato natural da mulher para se inflamarem mutuamente, homens com homens, cometendo torpezas. Semelhantemente, as mulheres mudaram o modo natural de suas relações íntimas por outro contrário à natureza. As relações homoafetivas, à luz do texto bíblico em referência, não são uma conquista da sociedade, mas uma justa retribuição da ira divina: *Por isso, Deus entregou tais homens à imundícia...* (Romanos 1:24); *Por causa disso, os entregou Deus a paixões infames...* (Romanos 1:26); *E, por haverem desprezado o conhecimento de Deus, o próprio Deus os entregou a uma disposição mental reprovável, para praticarem coisas inconvenientes* (Romanos 1:28). É certo que aqueles que ainda hoje ignoram a ira de Deus não poderão fugir dela no dia do juízo (Apocalipse 6:12-17).

# 8

# A LOUCURA
# DA PREGAÇÃO

## (1Coríntios 1:18-25)

O apóstolo Paulo, o veterano apóstolo, está escrevendo, da cidade de Éfeso, sua primeira carta aos Coríntios. Nessa cidade de Corinto, na Grécia, capital da província da Acaia, o apóstolo havia passado dezoito meses, plantando uma igreja num reduto assaz corrompido moralmente. Os gregos não apenas estavam rendidos à depravação moral, mas também abertos a discutir novas ideias e a ouvir diferentes vertentes filosóficas. Mas o evangelho que Paulo pregou e pelo qual Deus ainda salva os que creem não é uma ideia entre outras, mas o único meio pelo qual Ele chama os eleitos à salvação. Esse evangelho está centrado na pessoa e na obra de Cristo. Seu eixo principal é a cruz, onde o Filho de Deus carregou sobre Seu corpo nossos pecados. A pregação não é um discurso religioso, mas uma mensagem solene sobre a morte expiatória de Cristo. Por isso, o apóstolo fala da loucura da pregação. Destaco aqui três verdades:

Em primeiro lugar, *a pregação é uma loucura porque seu conteúdo é a cruz* (1Coríntios 1:21-24). A cruz era o método mais terrível de pena capital no primeiro século. Aquele que fosse dependurado na cruz era considerado maldito. Sofria dores atrozes, repúdio absoluto e opróbrio sem igual. Ora, o Messias que Paulo anunciou e que nós ainda proclamamos foi pregado na cruz. Foi exposto à vergonha e ao opróbrio. Foi suspenso entre a terra e o céu no mais horrendo espetáculo de dor. A cruz era escândalo para os judeus e vergonha para os gentios (1Coríntios 1:23). Mas foi na cruz que Deus fez refulgir Seu mais eloquente amor e reluzir Sua mais profunda justiça. Foi na cruz que Deus puniu os nossos pecados, imputando-os a Seu Filho. Foi na cruz que Deus desamparou Seu Filho para nos perdoar e nos justificar. Foi

PREGAÇÃO TRANSFORMADORA

na cruz que a cabeça da serpente foi esmagada, o preço da nossa redenção foi pago e a nossa salvação foi consumada.

Em segundo lugar, *a pregação é uma loucura porque sua exigência é radical* (Atos 17:30). A pregação exige de todos os homens arrependimento e fé em Jesus. A menos que o homem reconheça que está perdido e se arrependa de seus pecados, pondo em Jesus sua confiança, não pode ser salvo. Não há salvação em nenhum outro nome, exceto no nome de Jesus. A pregação é uma oferta da salvação feita a todos, mas somente os que se arrependem e creem são salvos. O evangelho é o poder de Deus para a salvação de todo aquele que crê e só daquele que crê. Ninguém pode ser salvo pelas obras, nem mesmo pela sua religiosidade, mas apenas pela graça mediante a fé. A fé vem pela pregação, e a pregação, pela palavra de Cristo (Romanos 10:17).

Em terceiro lugar, *a pregação é uma loucura porque sua mensagem não agrada aos sábios deste mundo* (1Coríntios 1:20-22). A pregação não é um discurso humanista, que exalta o homem e o coloca no pedestal. Ao contrário, ela fere seu orgulho mostrando que sua sabedoria é incapaz de reconhecer a existência de Deus ou mesmo as obras de Deus. O mundo não conhece a Deus por sua sabedoria. É por isso que Deus não chamou muitos sábios e entendidos deste mundo, mas os pequeninos e humildes. É claro que essa arrogância não tem a ver com conhecimento e posição social. Há homens doutos humildes e homens ignorantes soberbos. Há homens ricos quebrantados e há homens pobres arrogantes. Um indivíduo soberbo está fora do alcance do evangelho. A pregação lhe é loucura. Mas aos que se humilham sob a poderosa mão de Deus, pela obra do Espírito Santo, esses ouvem, esses se arrependem, esses creem, esses são salvos pela graça. Oh, bendito evangelho! Oh, bendita loucura do evangelho! O apóstolo Paulo troveja sua voz e diz: *Porque a loucura de Deus é mais sábia do que os homens; e a fraqueza de Deus é mais forte do que os homens* (1Coríntios 1:25).

# 9

# A MESA
# DA COMUNHÃO

(1Coríntios 11:17-34)

A participação na ceia do Senhor é um imenso privilégio e uma enorme responsabilidade. Esse não é um banquete qualquer. O alimento oferecido nessa mesa da comunhão não é para nutrir o corpo, mas para fortalecer a fé. Para assentar-se à mesa, é necessário estar vestido com as roupas alvas da justiça de Cristo, pois não fazemos parte desse banquete por merecimento, mas por graça. Somente aqueles que foram libertos no sangue do Cordeiro de Deus estão aptos a se alimentarem do Cordeiro. Participar desse banquete da graça sem discernimento é comer e beber juízo para si. Comer do pão e beber do cálice sem autoexame é participar indignamente. O que precisamos fazer para participar da mesa da comunhão?

Em primeiro lugar, *reconhecer que os nossos pecados foram julgados na cruz de Cristo* (1Coríntios 11:23-26). A nossa dignidade é a consciência da nossa indignidade. Participamos da ceia do Senhor dignamente quando compreendemos que os nossos pecados foram punidos no corpo de Cristo e ele morreu em nosso favor para nos libertar da condenação do pecado e nos purificar da contaminação deste. Não podemos participar dignamente da ceia, a menos que reconheçamos que foi por causa dos nossos pecados que Jesus foi pregado na cruz e verteu o Seu sangue.

Em segundo lugar, *reconhecer que necessitamos ser sustentados continuamente por Cristo* (1Coríntios 11:24). A obra de Cristo na cruz nos libertou da condenação do pecado, mas precisamos nos apropriar continuamente de Cristo para termos vitória sobre o poder do pecado. A ceia é um meio da graça. Por meio dessa participação na ceia, somos fortalecidos com graça para uma vida de santidade. Não podemos viver deliberadamente no pecado e ao mesmo tempo

## PREGAÇÃO TRANSFORMADORA

participarmos desse banquete de forma digna. Também não podemos fugir da ceia por causa do pecado, mas devemos fugir do pecado por causa da ceia. Como nos deleitaremos no pecado, se foi por causa do pecado que o Filho de Deus morreu na cruz? Nós que fomos libertos pelo sangue do Cordeiro uma vez por todas, precisamos nos alimentar do Cordeiro continuamente.

Em terceiro lugar, *reconhecer que precisamos amar e perdoar os nossos irmãos que conosco comungam na mesma mesa* (1Coríntios 11:17-22,29). Oh, quão grave pecado é assentarmo-nos à mesa do Senhor desprovidos de amor uns pelos outros! Oh, quão indigno é afirmarmos que somos membros uns dos outros se abrigamos no coração repulsa por aqueles por quem Cristo morreu! Oh, quão perigoso é julgarmo-nos uns aos outros em vez de julgarmo-nos a nós mesmos! Oh, quão imprudente é examinarmos a vida dos outros em vez de a nós mesmos! Diante da mesa do Senhor, não devemos apontar para os pecados dos nossos irmãos, mas arrependermo-nos dos nossos próprios pecados. Se em nosso coração houver qualquer outro sentimento que não aquele que houve em Cristo Jesus, ao participarmos da ceia haverá fraqueza em nós em vez de força. Haverá doença em nós em vez de saúde. Haverá morte entre nós em vez de vida.

Em quarto lugar, *reconhecer que somos uma só família e que juntos iremos celebrar com Cristo o banquete celestial* (1Coríntios 10:17). A ceia do Senhor aponta para o passado, para a cruz, para o que Cristo fez por nós. Aponta para o presente, para a presença espiritual de Cristo entre nós. Mas aponta também para o futuro, para o Cristo que voltará para nós. Então, sem qualquer muro de separação, estaremos todos juntos e glorificados, para participarmos, com alegria indizível e sem qualquer mácula, do grande banquete da salvação. Aquela será uma festa de alegria indizível, de comunhão plena e de celebração permanente ao Cordeiro de Deus!

# 10

# A MORTE DE JESUS NÃO FOI UM ACIDENTE

(Apocalipse 13:8)

A morte de Jesus não foi um acidente. Estava decretada mesmo antes da fundação do mundo (Apocalipse 13:8). Ao longo dos séculos, a morte de Jesus foi proclamada pelos patriarcas e profetas. Todo o Antigo Testamento apontava para esse acontecimento tão prometedor. O próprio Jesus profetizou Sua morte em quatro ocasiões:

Em primeiro lugar, *o primeiro anúncio da morte de Cristo aconteceu em Cesareia de Filipe* (Mateus 16:21). *— Desde esse tempo, começou Jesus Cristo a mostrar a seus discípulos que lhe era necessário seguir para Jerusalém e sofrer muitas coisas dos anciãos, dos principais sacerdotes e dos escribas, ser morto e ressuscitado no terceiro dia.* Logo após Pedro afirmar que Jesus é o Cristo, o Filho do Deus vivo, e Jesus declarar que Ele mesmo é o fundamento, o dono, o edificador e o protetor da igreja, Ele anuncia pela primeira vez que era necessário subir a Jerusalém para ser entregue nas mãos das autoridades judaicas, a fim de ser morto e ressuscitar no terceiro dia. Está patente aos olhos de Jesus que Jerusalém seria o palco de Seu sofrimento atroz, de Sua morte vicária e de Sua vitoriosa ressurreição.

Em segundo lugar, *o segundo anúncio da morte de Cristo aconteceu na Galileia* (Mateus 17:22,23). *—, disse-lhes Jesus: O Filho do homem está para ser entregue nas mãos dos homens; e estes o matarão; mas, ao terceiro dia, ressuscitará. Então, os discípulos se entristeceram grandemente.* A transfiguração foi precedida e sucedida pelo anúncio da morte e ressurreição de Jesus. Nenhuma improvisação. Nenhuma surpresa. A morte de Jesus não foi um acidente, nem sua ressurreição foi uma surpresa. Tudo estava rigorosamente definido, e isso desde os tempos eternos. Se a primeira comunicação de Jesus acerca de Sua morte

## PREGAÇÃO TRANSFORMADORA

desembocou na reprovação de Pedro (Mateus 16:22), a segunda comunicação desaguou na profunda tristeza dos discípulos (Mateus 17:23).

Em terceiro lugar, *o terceiro anúncio da morte de Cristo aconteceu na Judeia* (Mateus 20:17-19). — *Estando Jesus para subir a Jerusalém, chamou à parte os doze e, em caminho, lhes disse: Eis que subimos para Jerusalém, e o Filho do homem será entregue aos principais sacerdotes e aos escribas. Eles o condenarão à morte. E o entregarão aos gentios para ser escarnecido, açoitado e crucificado; mas, ao terceiro dia, ressurgirá.* O terceiro anúncio da morte de Cristo dá-se quando Ele está subindo a Jerusalém. Jesus deixa claro que Ele será entregue aos principais sacerdotes e escribas em vez de ser uma vítima indefesa. Fica evidente também que sofrerá açoites. Seu sofrimento culmina em Sua crucificação. Esse horrendo espetáculo de dor, entretanto, não põe um ponto final no propósito soberano de Deus. Jesus deixa claro que no terceiro dia ressurgirá. A morte não pode detê-lo. Ele matará a morte, arrancando-lhe o aguilhão e triunfando sobre ela, abrindo-nos o caminho da imortalidade.

Em quarto lugar, *o quarto anúncio da morte de Cristo aconteceu em Jerusalém, dois dias antes da Páscoa* (Mateus 26:2). — *Sabeis que, daqui a dois dias, celebrar-se-á a Páscoa; e o Filho do homem será entregue para ser crucificado.* O último anúncio da morte de Jesus dá-se dois dias antes da Páscoa. Embora as autoridades judaicas tramassem prender Jesus à traição dois dias antes da Páscoa, para matá-lo depois da festa (Marcos 14:1,2), Jesus deixa claro para Seus discípulos que essas autoridades estavam apenas cumprindo um plano divino já traçado antecipadamente. Não é o homem que está no controle da situação, mas Jesus. A história da redenção nunca esteve nas mãos dos homens, mas sempre esteve nas mãos do Eterno. Nessa última comunicação de Sua morte, Jesus mostra que na mesma festa da Páscoa, quando um cordeiro sem defeito seria imolado, Ele, sendo o Cordeiro de Deus que tira o pecado do mundo, seria entregue para ser crucificado. Sua morte substitutiva nos trouxe vida, Seu sangue nos trouxe purificação e Sua ressurreição nos trouxe esperança.

# 11

# A SINGULARIDADE DO EVANGELHO

(Romanos 1:16,17)

O apóstolo Paulo, o maior teólogo do cristianismo, estava saindo de Éfeso rumo a Jerusalém quando escreveu seu maior tratado teológico, a carta aos Romanos. No início dessa epístola, tratou do tema principal da carta, a singularidade do evangelho. Já de início demonstrou três atitudes em relação ao evangelho: eu sou devedor (Romanos 1:14); eu estou pronto (Romanos 1:15); e eu não me envergonho (Romanos 1:16).

Por que alguém se envergonharia do evangelho? Primeiro, porque este trata da pessoa de Cristo, o Messias de Deus, que veio ao mundo, nasceu de forma humilde, cresceu numa cidade pobre e morreu numa cruz. Segundo, porque, pelo evangelho, o próprio apóstolo Paulo já havia sofrido açoites e prisões. Não obstante a cruz ser escândalo para os judeus e loucura para os gentios, e apesar de todo o sofrimento decorrente da proclamação do evangelho, Paulo destaca a singularidade do evangelho quando escreve: *Pois não me envergonho do evangelho, porque é o poder de Deus para a salvação de todo aquele que crê, primeiro do judeu e também do grego; visto que a justiça de Deus se revela no evangelho, de fé em fé, como está escrito: O justo viverá por fé* (Romanos 1:16,17). Desse texto, extraímos cinco verdades:

Em primeiro lugar, *o poder do evangelho*. O evangelho é o poder de Deus. Portanto, não há qualquer fraqueza nele, pois Deus é Onipotente. O evangelho é a dinamite de Deus para derrubar as fortalezas do coração mais duro. É a força irresistível que desarma a incredulidade mais cega. O próprio Paulo, perseguidor implacável da igreja, mesmo na sua marcha sangrenta de oposição aos cristãos, foi transformado por uma ação soberana e irresistível

## PREGAÇÃO TRANSFORMADORA

do evangelho. O evangelho quebra barreiras, derruba estruturas, penetra nos lugares mais fechados e transforma os corações mais rendidos ao pecado.

Em segundo lugar, *o propósito do evangelho*. O evangelho é o poder de Deus para a salvação. Há poder que destrói e mata, mas o evangelho é o poder que dá vida e salva. O evangelho não é apenas o poder de Deus para a salvação, mas também o único poder capaz de salvar. A religião, os ritos sagrados, as boas obras ou quaisquer outros expedientes humanos são absolutamente insuficientes para salvar o homem. Só no evangelho há salvação. O evangelho fala das boas-novas de Cristo: Sua vida, Sua morte, Sua ressurreição e Seu governo. Não há salvação em nenhum outro nome. Só Jesus Cristo salva!

Em terceiro lugar, *o alcance do evangelho*. O evangelho é o poder de Deus para a salvação de todo aquele que crê e só daquele que crê. O evangelho não é o poder de Deus para a salvação do descrente. Embora a fé não seja a causa meritória da salvação, é sua causa instrumental. Apropriamo-nos da salvação pela graça, mediante a fé. A salvação é oferecida a todos, mas somente aqueles que creem são salvos. Não há aqui acepção de pessoas, seja de raça, seja de posição social ou estofo cultural. Todo aquele que crê em Jesus é salvo.

Em quarto lugar, *a universalidade do evangelho*. O evangelho é o poder de Deus para a salvação de todo aquele que crê, primeiro do judeu e também do grego. O evangelho é para todos os povos. É universal em seu escopo, pois Jesus morreu para comprar com o Seu sangue aqueles que procedem de toda tribo, língua, povo e nação. Não há limitação geográfica nem barreira étnica no evangelho. É endereçado a toda criatura, em todo o mundo, até os confins da terra.

Em quinto lugar, *a eficácia do evangelho*. O apóstolo Paulo é enfático quando escreve: *Visto que a justiça de Deus se revela no evangelho, de fé em fé, como está escrito: O justo viverá por fé*. O homem, sendo pecador, jamais poderá ser justificado diante do Deus santo com base em seus méritos pessoais, pois a nossa justiça não passa de trapo de imundícia. No entanto, as nossas transgressões foram lançadas sobre Jesus e Sua justiça foi imputada a nós, para que a justiça de Deus, revelada no evangelho, fosse apropriada por nós, pecadores, pela fé. Então, aquele que crê é declarado justo diante do tribunal de Deus e passa a viver pela fé. Quão singular é o evangelho!

# 12

# A SUPREMA IMPORTÂNCIA DA PALAVRA DE DEUS

(Salmos 119:11)

A Palavra de Deus é nosso mais precioso tesouro. É melhor do que muito ouro depurado. Não podemos tratá-la com descaso nem trocá-la por outros valores, por mais excelentes que sejam. Davi, no texto que estamos considerando, ensina-nos três verdades preciosas que destacamos a seguir:

Em primeiro lugar, *devemos guardar a melhor coisa.* — *Guardo no coração as tuas palavras...* Davi é um rei. Tem muitos bens e rico patrimônio. Em sua casa há muitas riquezas. Em seu reino, muitos tesouros. Pedras preciosas chegam para ele de diversos lugares do mundo. Vive cercado de pompa e luxo. No entanto, nenhum tesouro ocupou lugar tão alto em sua vida como a Palavra de Deus. Não foram as riquezas dos homens que conquistaram seu coração. Não foi ouro nem prata que armazenou como seu valor mais estimado. Davi guardou a melhor coisa, a Palavra de Deus. Essa foi sua verdadeira poupança. Seu melhor investimento. Seu mais valioso tesouro. Oh, como precisamos redescobrir o valor da Palavra de Deus! Como precisamos amá-la! Como precisamos tê-la em alta estima! Ela deve ser lâmpada para os nossos pés. Deve ser mapa para a nossa jornada. Deve ser mel em nossa boca e alimento sólido para nos sustentar. Em vez de guardar os tesouros perecíveis, devemos guardar essa riqueza incomparável. Ela restaura a alma, ilumina os olhos e alegra o coração.

Em segundo lugar, *devemos guardar a melhor coisa no melhor lugar.* — *Guardo no coração...* Davi resolveu guardar a Palavra de Deus não numa prateleira de cedro nem num móvel importado. Não a escondeu num cofre fechado a sete chaves. Guardou-a no coração. Internalizou-a, nela meditando de dia e de noite. A Palavra de Deus foi seu deleite. Seu maior prazer. Desse baú divino,

## PREGAÇÃO TRANSFORMADORA

ele tirou coisas novas e velhas. Dali saía sua motivação para uma vida de obediência. Por causa dessa Palavra, afastou seus pés do conselho dos ímpios, do caminho dos pecadores e da roda dos escarnecedores. Essa Palavra conduziu-o pelas veredas da justiça. Por meio dela, conheceu Jeová como seu pastor. Essa Palavra trouxe-lhe consolo e segurança, quando cruzou os vales da sombra da morte. Por meio dela, alimentou sua alma, com provisões ricas, pois a Palavra é uma mesa farta no deserto. Oh, que o nosso coração seja um depósito para esse mais valioso tesouro! Em vez de esquecê-la, devemos tê-la bem perto das mãos, junto aos olhos, entronizada no coração. Em vez de substituí-la pelo farelo dos prazeres efêmeros, devemos encontrar nela real prazer. Em vez de guardar riquezas terrenas e bens que serão consumidos pelo fogo, devemos guardá-la com máxima presteza no lugar mais seguro deste mundo, o nosso coração.

Em terceiro lugar, *devemos guardar a melhor coisa, no melhor lugar, com o melhor propósito:* — *... para não pecar contra ti.* O propósito de Davi ao guardar a Palavra de Deus no coração era não pecar contra Deus. A Palavra de Deus é um freio moral que livra os nossos pés da queda. Dwight L. Moody escreveu na capa de sua Bíblia: "Este livro afastará você do pecado ou o pecado afastará você deste livro". A maneira de um jovem guardar puro o coração é observando tudo conforme a Palavra de Deus. A maneira de um crente ser santo é ser santificado pela Palavra. Ela é como água que nos limpa. É como fogo que queima as nossas escórias. É como martelo que esmiúça as resistências do nosso coração. Quanto mais cheios da Palavra, mais vazios da vaidade. Quanto mais plenos das verdades eternas, mais desapegados seremos das coisas aqui debaixo. Quanto mais espaço tiver a Palavra em nosso coração, menos domínio o pecado terá sobre nós. A Palavra de Deus é meio de graça e ferramenta poderosa para a santificação. Quanto mais a lemos, mais ela nos examina. Quanto mais mergulhamos nela, mais ela nos perscruta. Quanto mais guardamos a Palavra, mais somos guardados do mal.

# 13

# AINDA ANSEIO
# POR UM AVIVAMENTO

(Isaías 44:3,5)

Reconheço que a palavra "avivamento" está desgastada no meio evangélico brasileiro. Sei que em muitos redutos o avivamento tornou-se sinônimo de esquisitice. Há aqueles que confundem avivamento com toda sorte de sincretismo religioso. Há outros que associam avivamento com as últimas novidades no mercado da fé. Os desvios de muitos e a apatia ou a oposição de outros, no entanto, não abafam no meu peito o anseio por um genuíno e poderoso avivamento espiritual. Por que devemos esperar ainda um avivamento?

Em primeiro lugar, *porque Deus prometeu* (Isaías 44:3). Deus prometeu derramar do Seu Espírito sobre Sua igreja. Essa promessa é segura, pois não é feita pelo homem, mas pelo Deus Todo-poderoso, que fala e cumpre o que diz; faz e ninguém pode impedir Sua mão de fazê-lo. Nenhuma força na terra pode deter o braço de Deus nem impedir a igreja de avançar. Essa promessa é também abundante. O texto fala de um derramamento e de torrentes. Deus tem para nós uma vida maiúscula e abundante. Ele não nos dá o Seu Espírito por medida. Ao contrário, prometeu-nos torrentes!

Em segundo lugar, *porque nós precisamos* (Isaías 44:3). A igreja está como uma vinha murcha. Falta-lhe vigor e entusiasmo. Está como uma figueira com folhas, mas desprovida de frutos. Em muitos redutos falta a sã doutrina; em outros falta fervor. Em muitas igrejas há ortodoxia, mas não existe poder; em outras há muita trovoada, mas nenhuma chuva. Há igrejas que, lamentavelmente, sucumbiram ao liberalismo teológico e abandonaram sua fidelidade à Palavra de Deus. Essas igrejas estão desidratando e entrando por um caminho tenebroso de apostasia. Há outras igrejas que, governadas pelo pragmatismo, se renderam ao sincretismo religioso, abraçaram as

## PREGAÇÃO TRANSFORMADORA

últimas novidades do mercado da fé e sucumbiram ao antropocentrismo idolátrico. No texto em referência, o Espírito é simbolizado pela água. O que isso nos ensina? Primeiro, não há vida sem água. Podemos ter a melhor terra, a melhor semente, os melhores insumos e a melhor tecnologia. Sem água, a semente morre mirrada no ventre da terra. Podemos ter templos modernos, tecnologia sofisticada, pregadores cultos, músicos excelentes, mas sem o poder do Espírito Santo não há vida na igreja. Como disse Charles Spurgeon: "É mais fácil um leão tornar-se vegetariano que uma alma ser salva sem a obra do Espírito Santo".

Em terceiro lugar, *porque, quando a igreja tem sede de Deus, Ele derrama sobre ela as torrentes do Seu Espírito* (Isaías 44:3). Deus derrama água sobre o sedento e torrentes sobre a terra seca. Não podemos ser cheios de Deus até que estejamos vazios de nós mesmos. Não seremos saciados com as chuvas benditas do céu, a não ser que estejamos com sede de Deus. É por essa causa que os avivamentos sempre foram precedidos por oração. Avivamento não é sede de bênçãos, mas sede de Deus. O avivamento vem como resposta à oração de uma igreja sedenta pela presença de Deus. Hoje, as pessoas buscam prosperidade e saúde. Querem milagres. Querem bênçãos. Mas a vida gira em torno delas mesmas. O centro de tudo é a vontade do homem. Em tempos de avivamento, a igreja anseia mais por Deus que pelas bênçãos de Deus!

Em quarto lugar, *porque uma igreja cheia do Espírito Santo colhe resultados extraordinários* (Isaías 44:4,5). O primeiro resultado de uma igreja cheia do Espírito é um crescimento numérico explosivo. Os descendentes de Abraão brotam como ervas, como salgueiros junto às correntes das águas. Pecadores endurecidos são quebrantados. Multidões, aos borbotões, correm para a igreja, com pressa para acertar a vida com Deus. Igrejas vazias ficam cheias. Igrejas fracas ficam robustas e cheias do poder do Espírito. O segundo resultado é que os crentes tornam-se ousados no testemunho. Cada um diz ao seu próximo: "Eu sou do SENHOR". Uma igreja cheia do Espírito não cala a sua voz. Não se acovarda nem sonega ao mundo a mensagem do evangelho. Finalmente, uma igreja cheia do Espírito confirma com a vida aquilo que prega com os lábios. Não há abismo entre o que a igreja prega e o que ela vive. Os crentes escrevem na própria mão: "Eu sou do SENHOR". Oh, que Deus derrame sobre nós as torrentes do Seu Espírito! Que venham sobre nós as chuvas benditas do céu, trazendo restauração e vida!

# 14

# ALEGRIA INDIZÍVEL
# E CHEIA DE GLÓRIA

(1Pedro 1:3-9)

O apóstolo Pedro está escrevendo aos crentes da Dispersão, espalhados por cinco diferentes províncias romanas. Esses irmãos eram eleitos de Deus. Estavam sendo santificados e nutridos por uma viva esperança. Mesmo sendo perseguidos e vivendo dispersos pelo mundo, privados de sua liberdade e de seus bens, aguardavam uma herança incorruptível nos céus. Mesmo sofrendo provações e passando por tristezas, exultavam nas recompensas eternas. Sabiam que as provas não podiam destruí-los, mas, como um fogo, apenas depurar sua fé. Esses crentes, mesmo não tendo visto a Cristo face a face, como foi o caso do apóstolo Pedro, amavam-no; mesmo não O vendo com os olhos físicos, nele exultavam com alegria indizível e cheia de glória. O que significa essa alegria indizível e cheia de glória? De onde ela procede? Como se manifesta? Qual é a sua força?

Em primeiro lugar, *essa alegria é a expressão da presença manifesta de Deus no meio do Seu povo* (1Pedro 1:8). Deus é Onipresente, mas não está presente em todos os lugares com a Sua presença manifesta. Onde quer que a glória de Deus resplandece, os corações exultam com uma alegria indescritível. Na presença de Deus, há plenitude de alegria. Ele é melhor que Suas mais excelentes dádivas. Quando os crentes são impactados por essa presença gloriosa, são também invadidos por uma alegria que o mundo não conhece, não pode dar nem tirar.

Em segundo lugar, *essa alegria procede do céu, não da terra* (1Pedro 1:3-5). Os destinatários dessa epístola de Pedro estavam sendo provados. Foram perseguidos. Perderam seus bens. Foram privados de sua liberdade. Andavam dispersos. O mundo não lhes era um lar hospitaleiro. Por isso, andavam

PREGAÇÃO TRANSFORMADORA

com os pés na terra, mas com o coração no céu. De lá procedia essa alegria indescritível, que se sobrepunha às circunstâncias. Não podiam se alegrar em suas posses terrenas, porque estas lhe haviam sido tiradas, mas alegravam-se numa herança gloriosa e incorruptível.

Em terceiro lugar, *essa alegria se manifesta mesmo nas mais duras provações* (1Pedro 1:6,7). A alegria do cristão se manifesta mesmo nas noites mais escuras do sofrimento. Aqueles crentes viviam pelos antros da terra, sendo maltratados, injuriados, perseguidos, espoliados... mas, mesmo sendo coparticipantes dos sofrimentos de Cristo, exultavam com uma alegria indizível e cheia de glória. Eles tinham por motivo de grande alegria passarem por diversas provações. No coração deles não havia mágoa, mas amor; não havia tristeza, mas celebração; não havia pesar pelo que tinham perdido, mas exultação pelo que haviam de receber.

Em quarto lugar, *essa alegria possui uma força irresistível* (1Pedro 1:8,9). Os cristãos puseram o mundo de cabeça para baixo, pois, quanto mais perseguidos eram, mais eles exultavam. Quanto mais eles tinham seus bens saqueados, mais se alegravam por sua herança eterna. Quanto mais eram difamados, mais abençoavam. Quanto mais eram jogados de um lado para o outro, mais se apegavam à cidade cujo arquiteto e fundador é Deus. Quanto mais sangravam, mais fértil ficava o solo para a semeadura do evangelho. A igreja tornou-se irresistível. O evangelho avançou com poder incomparável. A alegria dos crentes no meio das mais duras provas deixava os homens perplexos. Os crentes eram pobres, mas possuíam tudo; eles nada tinham, mas enriqueciam a muitos. Eles foram arrancados e expulsos de sua casa, mas tinham uma pátria no céu. Os homens tiravam lágrimas dos olhos, mas do coração jorrava, em catadupas, uma alegria indizível e cheia de glória!

# 15

# AOS PÉS DO SALVADOR: O MELHOR LUGAR DO MUNDO

(Lucas 10:39; João 11:32; 12:3)

O lugar mais alto onde uma pessoa pode estar é aos pés do Salvador. É ali que encontramos abrigo para a nossa alma nas travessias pelos mares encapelados da vida. É ali que encontramos segurança para o nosso coração, diante dos terrores que nos assustam. É ali que encontramos uma fonte inesgotável de alegria, mesmo que as lágrimas rolem amargas pelo nosso rosto. Essa verdade magna da vida cristã pode ser vista, de forma eloquente, na vida de Maria, irmã de Marta e Lázaro. Ela só aparece três vezes no registro dos evangelhos, mas, em todas elas, está aos pés do Salvador.

Em primeiro lugar, *aos pés do Salvador para ouvir Seus ensinamentos* (Lucas 10:39). Jesus está na casa de Maria. Era amigo da família. Marta está agitada, correndo de um lado para o outro, cuidando dos afazeres da casa, enquanto Maria está sentada aos pés de Jesus, ouvindo-lhe os ensinamentos. Marta fica perturbada com a inércia da irmã. Roga, então, a Jesus para interferir no caso e ordenar a Maria que saia de sua confortável posição, a fim de ajudá-la nas tarefas domésticas. Longe de Jesus repreender Maria, repreende Marta, dizendo: *Marta! Marta! Andas inquieta e te preocupas com muitas coisas. Entretanto, pouco é necessário ou uma só coisa; Maria, pois, escolheu a boa parte, e esta não lhe será tirada.* A melhor parte é estar aos pés de Jesus. A melhor escola é aprender aos pés do Salvador. A comunhão com Cristo é mais importante que o trabalho para Cristo. Primeiro devemos nos deleitar nele e depois servir-lhe. O Senhor vem antes de Sua obra. A vida com Jesus precede o trabalho para Jesus.

Em segundo lugar, *aos pés do Salvador para buscar consolo para as dores da alma* (João 11:32). A dor do luto havia chegado ao amado lar de Betânia. Lázaro adoeceu e morreu. Jesus foi avisado, mas só chegou quatro dias depois

PREGAÇÃO TRANSFORMADORA

do sepultamento do amigo. As lágrimas eram copiosas. A dor era imensa. O choro era incontido. Jesus chega a Betânia e manda chamar Maria. Ela vai ao Seu encontro e se prostra aos Seus pés, agora para chorar. Jesus, tomado de comoção, também chorou. Ordenou que a pedra do túmulo de Lázaro fosse retirada e embocou Sua voz para dentro deste, ordenando: *Lázaro, vem para fora*. O morto ouviu Sua voz. Lázaro ressuscitou. A vida triunfou sobre a morte. A alegria varreu do rosto de Maria as lágrimas. A dor foi espanada de seu coração. Jesus enxugou suas lágrimas e trouxe o milagre da vida para dentro de sua casa. É aos pés do Salvador que as dores são tratadas. É aos pés do Salvador que jorra uma fonte inexaurível de vida e paz.

Em terceiro lugar, *aos pés do Salvador para honrá-lo por Seus gloriosos feitos* (João 12:3). Maria mais uma vez está aos pés do Salvador. Agora, trazendo um vaso de alabastro com meio litro de preciosíssimo perfume de nardo puro, avaliado em mais de trezentos denários. Ela derrama todo esse raro e caro perfume sobre a cabeça de Jesus e depois enxuga Seus pés com os cabelos. Ela quer expressar a Ele sua gratidão. Ela fez o melhor para o Mestre. Deu a ele sacrificialmente aquele perfume que estava sendo preparado para suas núpcias. Ainda que fosse incompreendida, até mesmo pelos discípulos de Jesus, que chamaram de desperdício a prodigalidade de seu amor, Maria não recuou em seu preito de gratidão, porque tinha como único vetor de ação o propósito de agradar somente ao Seu Senhor. Maria fez a coisa certa, à pessoa certa, no tempo certo, apesar das críticas. O que ela fez, no recôndito de uma humilde casa, na pequena cidade de Betânia, tem sido proclamado dos eirados da história e sido trombeteado aos ouvidos do mundo. Ela pôs aos pés de Jesus tudo o que possuía, o melhor que possuía, e isso de forma generosa e sacrificial. Aos pés do Salvador é o melhor lugar do mundo onde nos prostrarmos e adorarmos. Aos pés do Salvador é o melhor lugar do mundo onde expressar sincera gratidão por Suas intervenções graciosas em nossa vida e em nossa família. Aos pés do Salvador é o melhor lugar do mundo onde oferecer-lhe o fruto da nossa gratidão e da nossa consagração, para que essas ações reverberem para dentro da história e impactem as futuras gerações.

# 16

# AS GLÓRIAS
# DO NOSSO SALVADOR

(Lucas 1:26-38)

Toda a história do Antigo Testamento foi uma preparação para a chegada do Messias. Os patriarcas falaram dele. Os profetas apontaram para Ele. O cordeiro pascal era um símbolo dele. A arca da aliança, símbolo da presença de Deus entre o povo, era uma sombra da realidade que chegou com Ele. Na plenitude dos tempos, o anjo Gabriel foi enviado por Deus a Nazaré, a fim de transmitir a Maria que ela seria mãe do Salvador. Esse episódio está registrado em Lucas 1:26-38. Destacaremos à luz desse texto três solenes verdades acerca do nosso glorioso Salvador.

Em primeiro lugar, *Seu nome aponta-o como Salvador* (Lucas 1:31). Jesus é o Seu nome humano, e esse nome Lhe foi dado porque Ele salvará o Seu povo de Seus pecados (Mateus 1:21). Jesus é o único nome dado entre os homens pelo qual importa que sejamos salvos (Atos 4:12). Ele é o único Mediador entre Deus e os homens (1Timóteo 2:5). Ele é a porta da salvação e o caminho para Deus. Ele veio buscar e salvar o perdido. Nele temos copiosa redenção. Todo aquele que nele crê tem a vida eterna. Por meio dele somos reconciliados com Deus e passamos a ter livre acesso a Deus. Aqueles que viveram na antiga dispensação foram salvos olhando para a frente, para o Messias que viria, ou seja, o Cristo da profecia. Nós, porém, somos salvos olhando para trás, para o Cristo que já veio, o Cristo da história. Nunca houve nem jamais haverá outro Salvador. Só Ele salva. Só nele há perdão e vida eterna.

Em segundo lugar, *Sua dignidade aponta-o como Filho do Altíssimo* (1:32). Jesus foi concebido por obra do Espírito Santo (Lucas 1:35). Como homem, não teve pai humano e, como Deus, não teve mãe humana. Ele é o Filho do Altíssimo, o próprio Filho de Deus (Lucas 1:35), o Pai da eternidade. Ele é

## PREGAÇÃO TRANSFORMADORA

Deus de Deus, Luz de Luz, Coeterno, Coigual e Consubstancial com o Pai. Ele tem os mesmos atributos do Pai e realiza as mesmas obras. Ele é o Verbo Eterno, pessoal, divino, criador, autor da vida e luz que ilumina todo homem. Ele se fez carne e habitou entre nós. Sendo Deus, fez-se homem; sendo Rei, fez-se servo; sendo transcendente, esvaziou-se e nasceu de uma virgem para habitar entre nós cheio de graça e de verdade. Ele é a exata expressão do ser de Deus. Ele é o resplendor da glória. Nele habita corporalmente toda a plenitude da divindade. Ninguém jamais viu a Deus. Foi Jesus, como Filho de Deus, que veio nos revelar o Pai em todo o Seu fulgor, em toda a Sua glória. Quem vê Jesus, vê o Pai, pois Ele e o Pai são um.

Em terceiro lugar, *Sua posição aponta-o como Rei cujo reino é Eterno* (1:32,33). Jesus herdou o trono de Davi. Ele reinará para sempre, pois o Seu reinado não terá fim. Reinos se levantam e caem, mas o reinado de Cristo é Eterno. Reis ascendem ao trono e reis são depostos do trono, mas o reinado de Cristo nunca será abalado e jamais passará. O Seu reino não é deste mundo. Não é um reino político e geográfico, com aparato militar. Mas um reino espiritual. Ele governa o coração de Seus súditos. Ele estabelece Seu reino dentro de nós, um reino de justiça, alegria e paz. Agora, está presente entre nós e em nós o Seu reino de graça, mas na consumação dos séculos todos os reinos se tornarão dele. Então, Ele estabelecerá o Seu reino de glória, quando puser todos os inimigos debaixo de Seus pés. Então, Ele entregará o reino ao Deus e Pai, para que este seja tudo em todos.

Quão glorioso é o nosso Redentor. Ele é a nossa esperança e a nossa alegria. Ele é a nossa paz e a nossa herança. Ele é o nosso Salvador e o nosso Senhor. Ele é o nosso Advogado e o nosso Juiz. Ele é verdadeiro Deus e verdadeiro Homem. Ele é antes do tempo, criador do mundo, sustentador do universo, Salvador do seu povo. Por meio dele vivemos, nos movemos e existimos. A Ele tributamos toda a honra e glória, agora e pelos séculos sem fim!

# 17

# AS MARCAS
# DE UM CRENTE MADURO

(Romanos 15:14)

O apóstolo Paulo estava a caminho de Jerusalém quando escreveu sua carta aos Romanos. Nessa carta, o veterano apóstolo expõe a doutrina da salvação (1—11) e faz a correspondente aplicação da doutrina (12—16). No texto em referência, ele fala sobre três marcas de um crente maduro. Vejamos:

Em primeiro lugar, *um crente maduro está possuído de bondade* (Romanos 15:14a). A bondade é um atributo de Deus que Ele compartilha com Seu povo. Só Deus é essencialmente bom. Mas aqueles que conhecem Deus e são cheios do Espírito de Deus são possuídos de bondade. Barnabé, o homem chamado de bom no Novo Testamento (Atos 11:24), fez de sua vida um investimento na vida de outras pessoas. Demostrou amor aos necessitados, vendendo uma propriedade para socorrê-los (Atos 4:36,37). Quando Saulo de Tarso foi rejeitado na igreja de Jerusalém, foi Barnabé quem o acolheu e o apresentou aos apóstolos (Atos 9:26,27). Quando Saulo ficou mais de dez anos no anonimato em Tarso, foi Barnabé quem foi atrás dele, investindo nele, levando-o consigo a Antioquia (Atos 11:25,26). Mais tarde, quando Paulo não quis a presença do jovem João Marcos como acompanhante na segunda viagem missionária, foi Barnabé quem investiu na vida desse jovem, o qual veio a ser o escritor do evangelho de Marcos (Atos 15:36-41). Uma pessoa cheia de bondade investe na vida de outras pessoas, até mesmo em pessoas consideradas desprezadas pelos demais.

Em segundo lugar, *um crente maduro está cheio de todo o conhecimento* (Romanos 15:14b). O exercício da bondade é fruto do conhecimento. É o conhecimento de Deus e de sua Palavra que nos leva à ação da bondade. Um crente

## PREGAÇÃO TRANSFORMADORA

maduro é alguém aplicado ao conhecimento da Palavra de Deus. Sua mente está cheia da verdade, e seu coração está cheio de amor. Suas obras são regidas pelo seu conhecimento. Suas mãos são operosas porque sua mente é governada pelo pleno conhecimento do evangelho. Paulo elogia os crentes de Roma, dizendo que eles estavam cheios de todo o conhecimento. Eram crentes aplicados no exame das Escrituras. Estavam comprometidos com a sã doutrina. O conhecimento deles desembocava na prática da bondade. Os crentes de Roma não eram apenas teóricos, mas transformavam o seu saber numa prática abençoadora para toda a comunidade.

Em terceiro lugar, *um crente maduro é conhecido por estar apto para o mútuo aconselhamento* (Romanos 15:14c). A admoestação ocorre quando confrontamos, confortamos e encorajamos as pessoas com palavras cheias de conhecimento e bondade. Não há admoestação sábia sem conhecimento; não há admoestação eficaz sem bondade. Não há aconselhamento mútuo na igreja sem o conhecimento da verdade e sem a prática da bondade. Precisamos transformar o conhecimento que temos em atos de bondade. Precisamos admoestar uns aos outros, firmados no conhecimento das Escrituras e também regidos por uma atitude de bondade. Sem o conhecimento da Palavra, nos tornaremos humanistas em nossas exortações. Sem o exercício da bondade, as nossas admoestações podem esmagar a cana quebrada e apagar a torcida que fumega. Adicionar a bondade ao conhecimento é o que nos torna aptos para admoestarmos uns aos outros com eficácia. Que a nossa igreja seja uma comunidade de terapeutas da alma. Que os nossos relacionamentos reflitam o cuidado de uns para com os outros, abençoando uns aos outros e cuidando uns dos outros. Que a nossa igreja seja formada de crentes comprometidos com a maturidade cristã!

# 18

# AS MARCAS DE UMA IGREJA
# QUE IMPACTOU O MUNDO

(Atos 11:19-26)

Três igrejas no livro de Atos exerceram grande influência missionária no primeiro século: Jerusalém, Antioquia e Éfeso. Aqui, queremos destacar a igreja de Antioquia, ressaltando três marcas dessa igreja.

Em primeiro lugar, *uma igreja cujos membros eram parecidos com Jesus* (Atos 11:26). Antioquia era a capital da Síria, naquele tempo a terceira maior cidade do mundo. O evangelho chegou até lá e floresceu de tal maneira que aquela igreja superou Jerusalém no ardor missionário e, através dela, missionários foram enviados a várias partes do mundo para plantar igrejas. Os crentes daquela importante igreja eram tão parecidos com Jesus que, os discípulos ali foram chamados cristãos pela primeira vez. Quando as pessoas olhavam para aqueles crentes, sentiam que estavam olhando para o próprio Jesus. A vida deles referendava sua pregação. O testemunho deles era avalista de suas palavras. Se quisermos ser uma igreja que influencia a cidade e impacta o mundo, precisaremos, de igual modo, andar com Cristo, viver em Sua presença e ser parecidos com Ele. A vida piedosa é a base do testemunho eficaz. Precisamos pregar aos ouvidos e também aos olhos. Precisamos falar e fazer. Nosso testemunho vai à frente da nossa pregação. Por causa do impacto da vida daqueles crentes, uma numerosa multidão se agregou àquela igreja para receber o ensino da Palavra de Deus.

Em terceiro lugar, *uma igreja que nasceu debaixo de grande perseguição* (Atos 11:19-25). A igreja de Jerusalém atendeu à agenda missionária estabelecida por Jesus (Atos 1:8) depois do martírio do diácono Estêvão. Naquele tempo de amarga perseguição, exceto os apóstolos, todos foram dispersos de Jerusalém (Atos 8:1). No entanto, os que foram dispersos não saíram

PREGAÇÃO TRANSFORMADORA

lamentando, mas iam por toda parte pregando a Palavra (Atos 8:4). Cada crente era um missionário. Esses crentes que foram dispersos por causa da tribulação que sobreveio a Estêvão se espalharam até a Fenícia, Chipre e Antioquia. As boas-novas do evangelho chegaram àquele território gentio por causa do vento da perseguição (Atos 11:19,20). Diz a Escritura, entretanto, que a mão do Senhor estava com eles, e muitos, crendo, se converteram ao Senhor (Atos 11:21). A graça de Deus em ação naquela cidade alegrou o coração do missionário Barnabé, enviado pela igreja de Jerusalém, e ele sentiu a necessidade de buscar Saulo em Tarso, para ajudá-lo naquele próspero trabalho. Ali, por todo um ano, eles ensinaram numerosa multidão (Atos 11:22-26). A perseguição não destrói a semente do evangelho; apenas a espalha. A igreja perseguida é a mesma que conta com a mão do Senhor e Sua graça. Essa igreja, mesmo no meio da dor, vê multidões chegando para receber a instrução da Palavra de Deus.

Em terceiro lugar, *uma igreja que prioriza a obra missionária* (Atos 13:1-3). A igreja de Antioquia recebe a instrução da Palavra, ora e jejua. O Espírito diz a essa igreja para separar seus dois pastores principais para a obra missionária. A igreja não questiona nem adia a pronta obediência. Barnabé e Saulo receberam a imposição de mãos e foram despedidos para o campo missionário. Embora Antioquia fosse uma grande metrópole, os crentes entenderam, por direção do Espírito Santo, que o evangelho precisava ir além, atravessando fronteiras, chegando até os confins da terra. Oh, como precisamos entender que o propósito de Deus é o evangelho todo, por toda a igreja, em todo o mundo. Cada igreja deve ser uma agência missionária, e cada crente deve ser uma testemunha. Antioquia não reteve apenas para si o que recebeu. O evangelho precisa ser anunciado a tempo e fora de tempo, aqui, ali e além-fronteiras. Essa é uma tarefa imperativa, inadiável e intransferível. Precisamos saber que o campo é o mundo, a igreja é o método de Deus e o tempo de Deus é agora!

# 19

# AS MULHERES NA PERSPECTIVA DO EVANGELISTA LUCAS

## (Lucas 8:1-3)

O evangelho de Lucas é o maior livro do Novo Testamento e o mais completo dos evangelhos, pois trata do nascimento, da vida, da morte, da ressurreição e da ascensão de Jesus. Lucas é único escritor gentio do Novo Testamento. Ele era médico e historiador. Dentre os vários destaques do seu livro, enfatiza, como nenhum outro evangelista, a importância da mulher. O livro fala de Maria, Isabel, Ana. Também enfatiza as viúvas como nenhum outro evangelista. Dá destaque ao corajoso posicionamento de Maria em seu cântico *Magnificat*. Fala de Marta e Maria, amigas de Jesus. Mostra o cuidado final de Jesus com sua mãe ao pé da cruz.

Destacaremos aqui alguns aspectos:

Em primeiro lugar, *as mulheres que seguiram Jesus* (Lucas 8:3). Algumas foram curadas e libertas por Jesus e, como sinal de gratidão, passaram a segui-lo em sua jornada evangelística de cidade em cidade e de aldeia em aldeia. Entre elas, estavam Maria Madalena, de quem Jesus expulsara sete demônios, e Joana, mulher de Cuza, procurador de Herodes. Uma mulher vinda do submundo e outra da corte se unem como discípulas de Jesus.

Em segundo lugar, *as mulheres que assistiram Jesus com os seus bens* (Lucas 8:3). Jesus, mesmo sendo Deus, não realizou milagres para suprir suas próprias necessidades. De bom grado, aceitou a oferta das mulheres. Estas andaram com Ele de cidade em cidade, de aldeia em aldeia, prestando-lhe assistência, tanto na alimentação como no suporte de hospedagem, roupa e calçados. Enquanto Judas, apóstolo de Jesus, tira o dinheiro da bolsa, essas mulheres colocam o dinheiro na bolsa.

PREGAÇÃO TRANSFORMADORA

Em terceiro lugar, *as mulheres que sobem com Jesus rumo a Jerusalém* (Mateus 27:55,56). Mesmo sabendo que havia uma hostilidade no ar e que Jesus já alertara de que seria entregue nas mãos dos anciãos, dos escribas e dos sacerdotes para sofrer muitas coisas e ser morto, elas não se intimidam. Elas deixam a Galileia e sobem com Jesus a Jerusalém. São corajosas. Não se amedrontam. Estão dispostas a enfrentar os riscos do discipulado.

Em quarto lugar, *as mulheres estão presentes na crucificação de Jesus* (Lucas 23:49). Enquanto os apóstolos, exceto João, fogem, acuados pelo medo, essas mulheres estão presentes na crucificação de Jesus. As mulheres de Jerusalém choram ao ver Jesus ser levado para a crucificação, mas estão presentes, mesmo quando Jesus está sendo exposto à ignomínia na cruz.

Em quinto lugar, *as mulheres estão presentes no sepultamento de Jesus* (Lucas 23:55). Os discípulos estão ausentes na crucificação e não comparecem ao sepultamento de Jesus, mas essas mulheres desceram ao jardim, onde o corpo de Jesus fora depositado. Elas observaram não apenas o local exato, mas também como o corpo de Jesus fora depositado ali. Não tiveram medo de retaliação. Não se intimidaram.

Em sexto lugar, *as mulheres foram comprar perfumes no final do sábado para embalsamar o corpo de Cristo* (Lucas 23:56). Tendo Jesus morrido na sexta-feira, às 3 horas da tarde, e tendo o sábado começado na sexta, às 6 horas da tarde, o tempo para solicitar a permissão de Pilatos, tirar o corpo da cruz e prepará-lo para o sepultamento foi curto. As mulheres perceberam que o serviço de embalsamamento precisava de um retoque, por isso investiram o seu dinheiro para comprar os perfumes e unguentos.

Em sétimo lugar, *as mulheres foram ao túmulo no domingo de madrugada* (Lucas 24:1). Não foram os homens nem mesmo os apóstolos que compareceram ao túmulo para levar unguentos, mas essas mulheres. Enquanto os apóstolos estavam trancados com medo dos judeus, elas estavam corajosamente expostas a todos os riscos. Foram elas que viram a pedra rolada do túmulo. Foram elas que viram o túmulo aberto. Foram elas que entraram primeiro no túmulo. Foram elas que viram e ouviram primeiro os anjos. Foram elas que foram relembradas das palavras de Jesus na Galileia quando as alertou sobre Sua morte e ressurreição. Foi a uma delas, Maria Madalena, que Jesus apareceu pela primeira vez. Foram elas que foram anunciar a ressurreição de primeira mão.

50

Em oitavo lugar, *as mulheres foram proclamar aos apóstolos a ressurreição* (Lucas 24:2-12). Enquanto as mulheres estão em plena atividade, os apóstolos estão inativos, trancados dentro de casa, com medo dos judeus. Elas chegam e falam com precisão sobre tudo o que viram e ouviram, mas os apóstolos não acreditam nelas. Os dois discípulos que caminhavam para Emaús ouviram o relato dessas mulheres, um relato minucioso, preciso, e verificaram a exatidão do testemunho delas; mesmo assim, não creram até serem exortados por Cristo e até Cristo se revelar a eles.

Em nono lugar, *as mulheres estavam presentes quando Jesus deu a grande comissão aos discípulos* (Lucas 24:44-49). Elas estavam com os discípulos quando Jesus apareceu a eles, censurou sua incredulidade e deu-lhes a grande comissão, prometendo-lhes o revestimento de poder, o derramamento do Espírito Santo.

Em décimo lugar, *as mulheres estavam presentes na ascensão de Jesus.* As mulheres seguiram Jesus juntamente com os discípulos para o monte das Oliveiras, em direção a Betânia, quando Jesus os abençoou e foi assunto aos céus. Elas viram o triunfo de Cristo e se alegraram nele (Lucas 24:50-53).

Em décimo primeiro lugar, *as mulheres voltaram com os discípulos para o cenáculo* (Atos 1:12-14). Elas estavam presentes entre os 120 que se reuniram no cenáculo, por dez dias, aguardando o cumprimento da promessa do Pai, o revestimento de poder. Elas oraram com perseverança. Elas oraram na mesma sintonia com os apóstolos até que os céus se fenderam.

Em décimo segundo lugar, *as mulheres foram cheias do Espírito Santo* (Atos 2:1-3). Quando o Espírito Santo foi derramado, as mulheres estavam presentes. Elas foram cheias do Espírito Santo. Foram revestidas com o poder do Espírito Santo.

Em décimo terceiro lugar, *as mulheres falaram as grandezas de Deus* (Atos 2:4). Elas falaram em outras línguas as grandezas de Deus. Elas proclamaram os gloriosos feitos de Deus. Elas não apenas oraram com perseverança, mas também proclamaram com entusiasmo as grandezas de Deus.

# 20

# CASAMENTO É PARCERIA; NÃO COMPETIÇÃO

## (Eclesiastes 4:9-12)

O casamento é uma ideia de Deus e uma dádiva aos homens. Deus criou o homem e a mulher à Sua imagem e semelhança. Também instituiu o casamento para a felicidade de ambos. No casamento, marido e mulher se tornam uma só carne. Somente a morte deve pôr um ponto final nessa relação de amor, respeito e fidelidade. Nessa aliança de afeto, não deve existir competição, mas complementação. Marido e mulher não atacam um ao outro, mas defendem um ao outro. Não buscam no casamento a satisfação de si mesmo, mas altruisticamente buscam, com primazia, a felicidade do cônjuge amado. O casamento é a mais íntima das relações humanas.

No texto em apreço, Salomão apresenta algumas bênçãos do casamento. Vejamos:

Em primeiro lugar, *porque o casamento é uma parceria, ele é melhor que a vida solitária* (Eclesiastes 4:9). Não há nenhum pecado em escolher a vida celibatária, mas o casamento é melhor, na medida em que é uma cooperação, não uma competição. Serem dois é melhor do que ser um. A parceria entre o homem e a mulher torna os dois mais recompensados, mais animados, mais aquecidos, mais protegidos. O casamento é uma dádiva de Deus. Seu propósito é oferecer ao homem e à mulher certos privilégios que a vida de solteiro não consegue dar.

Em segundo lugar, *porque o casamento é uma parceria, marido e mulher são mais recompensados* (Eclesiastes 4:9). O casamento é uma adição de esforço e um somatório de resultados. Se os dois trabalham na mesma direção, com a mesma motivação e visando ao bem comum, eles têm melhor paga do seu

PREGAÇÃO TRANSFORMADORA

trabalho. Sua recompensa é mais robusta. Suas conquistas são maiores. Seus resultados são mais promissores.

Em terceiro lugar, *porque o casamento é uma parceria, marido e mulher são mais fortalecidos* (Eclesiastes 4:10). Na vida há perigos e obstáculos no caminho. Uma vez que são parceiros, não rivais, quando um cai, o outro o levanta. Ai daquele, porém, que, ao cair, não tem alguém para lhe estender a mão. O casamento é lugar de encorajamento. É território de restauração. É cenário de recomeço. Não se condena o que caiu, mas estende-se a mão para levantá-lo da queda. No casamento não se esmaga a cana quebrada nem se apaga a torcida que fumega, mas concede-se perdão ao que caiu e oferece-se ajuda para retomar a caminhada da vida.

Em quarto lugar, *porque o casamento é uma parceria, marido e mulher são mais aquecidos* (Eclesiastes 4:11). Marido e mulher têm o privilégio de dormir juntos e se aquecerem mutuamente nas noites frias da caminhada. Oh, que delícia é desfrutar da intimidade do leito, do cálido ninho do amor, onde os dois se tornam uma só carne e se completam. A solidão é gelada, mas a comunhão conjugal é aquecida por sentimentos nobres, por desejos puros, por entrega sem reservas, por delícias exuberantes.

Em quinto lugar, *porque o casamento é uma parceria, marido e mulher são mais fortes* (Eclesiastes 4:12). A vida não se desenrola num cenário edênico, mas num campo de batalha. Há inimigos que nos espreitam sorrateiramente e outros que conspiram abertamente contra nós. Se fizermos uma carreira solo ao sermos atacados no território da solidão, não conseguiremos resistir; contudo, se formos dois, levantaremos contra o inimigo, resistiremos a ele e prevaleceremos contra ele. No casamento tornamo-nos mais fortes, mais resistentes e mais que vencedores.

# 21

# COBIÇA:
# O PECADO SECRETO

(Êxodo 20:17)

A cobiça é o pecado secreto do coração. É subjetiva e não pode ser identificada pelo homem. De todos os dez mandamentos, esse é o único que se mantém incógnito ao alvitre humano. Uma pessoa pode ter uma auréola de santidade sobre a cabeça e um coração podre, encharcado de cobiça. Foi esse décimo mandamento da lei de Deus que levou o apóstolo Paulo à consciência de que era pecador. Os nove primeiros mandamentos da lei de Deus são objetivos e podem ser vistos e julgados por todos os homens, mas o décimo trata de uma questão de foro íntimo, e nenhum tribunal da terra tem competência para julgar foro íntimo.

A cobiça é o desejo de possuir o alheio. É um pecado de ingratidão, uma vez que o cobiçoso não valoriza o que tem nem se contenta com isso, mas deseja ardentemente o que não tem nem pode ter. O cobiçoso, em vez de se deleitar naquilo que recebeu de Deus, movido pela ganância insaciável, busca ter o que pertence ao próximo.

O texto referência destaca alguns pontos, que passaremos a mencionar:

Em primeiro lugar, *a cobiça induz o indivíduo a desejar a casa do próximo.* Esse é um desejo amplo e abrangente. O cobiçoso anseia ter tudo o que o próximo tem, ou seja, a sua casa com tudo o que ela tem e representa. O cobiçoso desvia os olhos de tudo o que tem para colocá-los em tudo o que não tem. O cobiçoso é como Adão e Eva, que, embora galardoados por Deus e tendo o privilégio de viver no jardim do Éden, cheio de delícias, tendo plena comunhão com Deus, sentiram-se injustiçados e desejaram ser iguais a Deus. O cobiçoso é como o rei Acabe, que não satisfeito em assentar-se no

PREGAÇÃO TRANSFORMADORA

trono, e ser dono de tantas riquezas, entristeceu-se por não ter a vinha de Nabote. O cobiçoso quer tudo o que o outro tem em vez de alegrar-se com tudo o que já tem.

Em segundo lugar, *a cobiça induz o indivíduo a desejar o cônjuge do próximo.* Cobiçar a mulher do próximo é desejar o que não se pode ter. É desejar o proibido. É abrir um caminho escorregadio rumo ao adultério. Davi viu e desejou Bate-Seba, por isso adulterou com ela. A cobiça é a mãe do pecado e a avó da morte. O desejo secreto gesta a ação pecaminosa. O cobiçoso, ainda que não venha a consumar o ato de seu desejo, aos olhos de Deus já cometeu o pecado do adultério, pois Deus julga não apenas o ato, mas também a intenção e o desejo. Portanto, cobiçar a mulher do próximo é uma quebra do sétimo mandamento da lei de Deus. Jesus afirmou que aquele que olhar para uma mulher com intenção impura, no coração já adulterou com ela. Mesmo que o adultério tenha ocorrido apenas nas recâmaras do coração, aos olhos de Deus o pecado já aconteceu. É preciso, portanto, alertar que o tribunal de Deus tem competência para julgar foro íntimo, uma vez que Deus conhece não apenas as nossas ações, mas também as nossas intenções.

Em terceiro lugar, *a cobiça induz o indivíduo a desejar os bens do próximo.* Esses bens são descritos como servos, animais ou quaisquer outros. Dessa forma, a cobiça é uma quebra do oitavo mandamento. Mesmo que o cobiçoso não venha a consumar o objeto de seu desejo, aos olhos de Deus ele é um ladrão, pois, se não conseguiu ter os bens do próximo, não foi por falta de motivação, mas por fatores alheios à sua vontade. O cobiçoso talvez nunca seja apanhado pela lei dos homens, mas não consegue escapar da lei de Deus. O cobiçoso talvez nunca seja descoberto pelo escrutínio da lei ou julgado pelos tribunais da terra, mas não ficará impune à análise perscrutadora do tribunal de Deus. Oh, que Deus nos livre do terrível pecado da cobiça!

# 22

# COMO DEVEMOS
# ADORAR A DEUS

(Salmos 100:1-5)

Muito se tem debatido, em nossos dias, sobre a questão do culto a Deus. Que fomos criados por Deus para adorá-lo, é um fato inconteste. No entanto, quando se trata da forma de adorar a Deus, as divergências aparecem. Há aqueles que defendem um culto tradicional e solene; outros preferem um culto contemporâneo e informal. Uns querem um estilo de adoração endereçado apenas à cabeça, sem qualquer emoção; outros tendem para um culto mais emotivo, sem o concurso da razão. Para nós, o que importa é o que a Palavra de Deus diz. O que a Bíblia nos ensina sobre esse momentoso assunto? Devemos adorar a Deus com todo o nosso entendimento e de todo o nosso coração! Fomos criados por Deus com razão, emoção e volição. Portanto, todo o nosso ser precisa estar envolvido na adoração. O Salmo 100 nos ajuda a entender essa verdade:

Em primeiro lugar, *precisamos adorar a Deus com a nossa mente* (Salmos 100:3,5). — *Sabei que o SENHOR é Deus; foi ele quem nos fez, e dele somos; somos o seu povo e rebanho do seu pastoreio.* [...] *Porque o SENHOR é bom, a sua misericórdia dura para sempre, e, de geração em geração, a sua fidelidade.* Não podemos abandonar a mente no culto. Devemos orar e cantar com a mente e também com o espírito (1Coríntios 14:15). Precisamos entender que o ser divino a quem adoramos é o Senhor, o governador do universo, revestido de glória e majestade, entronizado acima dos querubins. No texto em consideração, o salmista destaca a centralidade de Deus no culto ao enaltecer Seus atributos como bondade, misericórdia e fidelidade. Ainda precisamos saber que Ele é o nosso criador. Não viemos ao mundo por acaso. Não somos fruto de

PREGAÇÃO TRANSFORMADORA

uma evolução de milhões e milhões de anos nem viemos dos símios. Procedemos de Deus. Além disso, precisamos saber que somos propriedade exclusiva de Deus, pois Ele não apenas nos criou, mas também nos remiu. Ele tem duplo direito sobre a nossa vida: o direito de criação e o direito de redenção. Finalmente, precisamos saber que, dentre todos os povos da terra, fomos escolhidos para ser o Seu povo, o rebanho do Seu pastoreio. Não podemos nos aproximar de Deus sem saber quem Ele é e quem nós somos nele e para Ele.

Em segundo lugar, *precisamos adorar a Deus com as nossas emoções* (Salmos 100:1,2). — *Celebrai com júbilo ao Senhor, todas as terras. Servi ao Senhor com alegria, apresentai-vos diante dele com cântico.* Celebração é ato festivo; não um funeral. O culto é um serviço que prestamos a Deus, e a forma de fazê-lo é com alegria. Precisamos nos apresentar a Deus com cântico, ou seja, com hinos de louvor. O culto precisa ser vivo, entusiástico e alegre. A emoção aqui, entretanto, não é epidérmica e carnal. Ao contrário, decorre do entendimento de quem é Deus, do que Ele fez e faz por nós e de quem nós somos para Ele. Aqueles que meditam sobre a grandeza de Deus não podem comparecer diante dele sisudos e gelados. Aqueles que compreendem o amor de Deus estampado na cruz de Cristo não podem comparecer para a adoração secos e áridos. A mente iluminada pela verdade desemboca em emoções santas. Luz na mente produz fogo no coração. Um culto no qual os adoradores não compreendem a verdade gloriosa da majestade de Deus, nem se emocionam com o privilégio de ser amados, comprados e chamados para ser ovelhas do seu pastoreio, não tem a marca do culto bíblico. Jesus nos ensinou a adorar a Deus em espírito e em verdade. Ou seja, o culto precisa ser bíblico, mas também de todo o coração. Conteúdo e forma precisam estar lado a lado. Precisamos ter a mente iluminada pela verdade das Escrituras e o coração aquecido pela graça de Deus.

Em terceiro lugar, *precisamos adorar a Deus com a nossa volição* (Salmos 100:4,5). — *Entrai por suas portas com ações de graças e nos seus átrios, com hinos de louvor; rendei-lhe graças e bendizei-lhe o nome.* No momento em que compreendemos quem é Deus e quem somos nele, não podemos deixar de adorá-lo. Adorar a Deus deixa de ser um compromisso pesado, para ser um deleite. Entrar em Seus átrios deixa de ser um compromisso denso, para ser uma alegria indizível. Estar na casa de Deus deixa de ser um peso, para ser uma bendita oportunidade de render graças, cantar hinos de louvor e bendizer o Seu nome. Quando a nossa mente é iluminada e as nossas emoções são despertadas, então a nossa vontade é acionada para obedecermos a Deus e adorá-lo com tudo o que somos e temos. Oh, que tenhamos em Deus todo o nosso prazer na adoração, pois, quanto mais nos deleitamos Nele, mais Ele é glorificado em nós!

# 23

# COMO ENCONTRAR
# REFÚGIO EM DEUS

## (Naum 1:7)

O profeta Naum anuncia a queda do poderoso Império Assírio. Proclama o colapso da grande cidade de Nínive, a capital desse temido império. Revela que a ira de Deus é irresistível para Seus inimigos, mas Sua bondade é notória para aqueles que nele se refugiam.

Três verdades são enfatizadas no texto em referência:

Em primeiro lugar, *o profeta descreve o caráter amável de Deus. — O Senhor é bom...* Até mesmo na manifestação de sua ira, Deus não abdica de Sua bondade. Ele é essencialmente bom em Seu caráter e prodigamente bom em Suas obras. A bondade de Deus pode ser vista em todas as Suas obras. As digitais de Sua excelsa bondade estão presentes em todos os Seus feitos. Deus é bom ao nos dar o que não merecemos. Ele nos dá salvação quando merecemos juízo. Ele nos dá Sua paz, quando a nossa alma é um mar revolto. Ele nos dá alegria quando o nosso coração é assolado pela angústia. Ele nos dá a vida, a respiração e tudo o mais quando pelos nossos pecados O provocamos à ira. Toda boa dádiva procede de Deus. Ele é a fonte de todo o bem.

Em segundo lugar, *o profeta descreve a ação poderosa de Deus. —... é fortaleza no dia da angústia...* Mesmo sendo o povo de Deus, passamos pelo vale da angústia e cruzamos o deserto das provas. Há dias de dor e lágrimas. Há tempos de fraqueza e sofrimento. Há momentos de desespero e tormento. Nessas horas mais sombrias da vida, Deus se nos apresenta como refúgio e fortaleza. Quando os nossos recursos acabam, o Seu poder continua plenamente suficiente. Quando a nossa provisão se esgota, os Seus celeiros continuam cheios. Quando a nossa fonte seca, os Seus mananciais continuam jorrando.

## PREGAÇÃO TRANSFORMADORA

Quando estamos encurralados, num beco sem saída, Ele abre para nós uma porta de escape. O dia da angústia chega, mas temos para onde fugir e nos esconder. A tempestade vem, mas temos um abrigo seguro. A crise com sua carranca cavernosa bate à nossa porta, mas temos uma torre bem alta, onde os vendavais da crise não nos assolam. Mesmo que os nossos pés estejam no vale, o nosso coração continua no céu. Estamos neste mundo, mas não somos dele. Estamos no epicentro da crise, mas, ao mesmo tempo, assentados com Cristo nas regiões celestes.

Em terceiro lugar, *o profeta descreve o conhecimento discricionário de Deus. —* *... e conhece os que nele se refugiam.* Deus conhece a todos, mas sabe distinguir para si o piedoso. Ele vê a todos e demonstra Sua bondade a todos, mas o Senhor conhece aqueles que nele se refugiam. Ele distingue aqueles que se voltam para Ele em fé e, por isso, põe o Seu selo sobre eles. Somos preciosos para Deus. Ele nos criou e nos formou. Ele nos escolheu e nos chamou. Ele nos resgatou e nos fez membros de Sua família. Ele nos selou com o Espírito Santo e no-lo deu como penhor do nosso resgate. Ele habita em nós e nos capacita com poder para vivermos vitoriosamente. Ele conhece cada ovelha do Seu rebanho. Chama cada uma pelo nome. Ele conhece o nosso passado e o nosso futuro. A nossa vida está em Suas mãos. O nosso futuro Lhe pertence. Ele nos vigia e nos protege. Seu cuidado é constante. Seu amor é perene. Seu conhecimento é absoluto. Somos dele. Vivemos para Ele. Deleitamo-nos nele e reinaremos com Ele. Todos aqueles que nele se refugiam agora, hão de morar com Ele para sempre. Todos aqueles que nele encontraram abrigo no tempo, habitarão com Ele eternamente. Oh, bendito seja Deus pelo Seu caráter, pelas Suas obras e pelo Seu conhecimento!

# 24

# JESUS VOLTARÁ
# E NÃO TARDARÁ

## (Apocalipse 3:11)

As profecias sobre a segunda vinda de Cristo são mais abundantes do que as profecias acerca da Sua primeira vinda. Todas as profecias da primeira vinda cumpriram-se literalmente. As profecias da segunda vinda estão se cumprindo e se cumprirão da mesma forma. Mas como Jesus voltará?

Em primeiro lugar, *Jesus voltará pessoalmente* (Atos 1:11). — *... Esse Jesus que dentre vós foi assunto ao céu virá do modo como o vistes subir.* O mesmo Jesus que nasceu numa estrebaria, trabalhou numa carpintaria, morreu numa cruz, deixou o Seu túmulo vazio e voltou para o céu voltará física e pessoalmente. Ele mesmo disse: *... voltarei e vos receberei para mim mesmo...* (João 14:3).

Em segundo lugar, *Jesus voltará visivelmente* (Apocalipse 1:7). — *Eis que vem com as nuvens, e todo o olho o verá, até quantos o traspassaram...* Quando Jesus aparecer nas nuvens, com grande poder e glória, todas as pessoas, de todos os lugares, nos mais diversos fusos horários, verão o Filho do homem na Sua majestade e serão tomados de perplexidade. Oh, aquele será o dia mais glorioso e ao mesmo tempo o mais aterrador da história. Todas as tribos da terra se lamentarão sobre ele.

Em terceiro lugar, *Jesus voltará audivelmente* (1Tessalonicenses 4:16). — *Porquanto o Senhor mesmo, dada a sua palavra de ordem, ouvida a voz do arcanjo, e ressoada a trombeta e Deus, descerá dos céus...* A segunda vinda de Cristo não será um acontecimento secreto e inaudível. Mais forte do que qualquer trovão, Sua palavra de ordem será ouvida. A voz do arcanjo ecoará pelos quatro cantos da terra, e a trombeta de Deus soará

## PREGAÇÃO TRANSFORMADORA

retumbantemente. Naquele dia, Ele enviará os Seus anjos, com grande clangor de trombetas. Além de todos os olhos O contemplarem, todos os ouvidos também O ouvirão.

Em quarto lugar, *Jesus voltará inesperadamente* (2Pedro 3:10). — *Virá, entretanto, como ladrão, o Dia do Senhor...* A vinda do Senhor não será num dia óbvio. Assim como um ladrão chega de surpresa, sem mandar telegrama, também Jesus voltará quando os homens não perceberem. O próprio Jesus enfatizou essa verdade: *Porquanto, assim como nos dias anteriores ao dilúvio comiam e bebiam, casavam e davam-se em casamento, até ao dia em que Noé entrou na arca, e não o perceberam, senão quando veio o dilúvio e os levou a todos, assim será também a vinda do Filho do homem* (Mateus 24:38,39). Por causa dessa imprevisibilidade de Sua volta, Jesus ainda adverte: *Mas considerai isto: se o pai de família soubesse a que hora viria o ladrão, vigiaria e não deixaria que fosse arrombada a sua casa. Por isso, ficai também vós apercebidos; porque, à hora em que não cuidais, o Filho do homem virá* (Mateus 24:43,44).

Em quinto lugar, *Jesus voltará repentinamente* (Mateus 24:27). — *Porque, assim como o relâmpago sai do oriente e se mostra até no ocidente, assim há de ser a vinda do Filho do homem.* Jesus voltará rapidamente, num momento, num abrir e fechar de olhos. A vinda de Jesus vai ser tão repentina como o fuzilar de um relâmpago: *... assim como o relâmpago, fuzilando, brilha de uma à outra extremidade do céu, assim será, no seu dia, o Filho do homem* (Lucas 17:24). Naquele dia, não haverá tempo para se preparar.

Em sexto lugar, *Jesus voltará sem possibilidade de escapar* (1Tessalonicenses 5:3). — *Quando andarem dizendo: Paz e segurança, eis que lhes sobrevirá repentina destruição, como vêm as dores de parto à que está para dar à luz; e de nenhum modo escaparão.* Aqueles que se deixam enganar pelo ensino dos falsos profetas, duvidando da segunda vinda de Cristo, vivendo despreocupadamente neste mundo destinado ao juízo, como se aqui fosse lugar de paz e segurança, serão surpreendidos com a gloriosa manifestação do Senhor, como uma mulher grávida também é surpreendida pela dor do parto. Oh, a segunda vinda de Cristo é inevitável e inescapável!

Em sétimo lugar, *Jesus voltará vitoriosamente* (Mateus 25:31). — *Quando vier o Filho do homem na sua majestade e todos os anjos com ele, então, se assentará no trono da sua glória.* Jesus voltará poderosa, gloriosa e triunfantemente. Virá entre nuvens, acompanhado de um séquito de anjos. Trará em Sua companhia os remidos e colocará todos os Seus inimigos debaixo de Seus pés. Julgará as nações e lançará no lago de fogo o dragão, o anticristo, o falso profeta, os ímpios e a morte. Aquele dia será glorioso para os remidos e terrível para os que rejeitaram Sua graça. O apóstolo Pedro diz que os céus passarão com estrepitoso estrondo, e incendiados serão desfeitos, e os elementos se desfarão abrasados; também a terra e as obras que nela existem serão atingidas. Nós, porém, receberemos novos céus e nova terra (2Pedro 3:10,12,13) e reinaremos com Ele para sempre. Oh, dia glorioso será aquele em que o nosso Senhor virá!

# 25

# COMO SERÁ O CORPO DA RESSURREIÇÃO?

## (1Coríntios 15:35-49)

Os gregos acreditavam na imortalidade da alma, mas não na ressurreição do corpo. Os filósofos epicureus, por sua vez, acreditavam que a morte tinha a última palavra e punha fim à carreira humana. A igreja de Corinto, influenciada pela cultura grega, estava vivendo uma crise de fé, pensando que os mortos em Cristo não tinham esperança de ressurreição. Para esclarecer esse ponto, Paulo escreveu esse robusto capítulo 15, mostrando que a ressurreição de Cristo é um fato incontroverso (15:1-11), uma verdade essencial da fé cristã (15:12-19) e possui uma ordem lógica: Cristo como primícias dos que dormem e os que são de Cristo na Sua vinda (15:20-34). Os mortos em Cristo ressuscitarão com um corpo de glória (15:35-49), e esse auspicioso acontecimento se dará na segunda vinda de Cristo (15:50-58).

Vamos tratar aqui da natureza da ressurreição. Uma pergunta foi feita naquela época e ainda é feita hoje: *Como ressuscitam os mortos? Em que corpo vêm?* (15:35). Para responder a essa pergunta, Paulo usa três figuras: a figura da semente (15:36-38), a figura da carne (15:39) e a figura dos astros (15:40,41). Limitar-nos-emos à figura da semente. O corpo é como uma semente, o qual, ao morrer e ser sepultado, é semeado no ventre da terra, mas, quando ressurgir, embora mantenha a mesma identidade, será um corpo totalmente novo. Ao mesmo tempo que há continuidade, há descontinuidade. Vejamos:

Em primeiro lugar, *semeia-se na corrupção, ressuscita na incorrupção* (15:42). O nosso corpo hoje nasce, cresce, envelhece e morre. O tempo vai esculpindo em nosso corpo rugas indisfarçáveis. Ficamos cansados, doentes e caquéticos. O nosso corpo está sujeito a fraquezas e doenças. É surrado pelas intempéries do tempo e pela ação das enfermidades. Mas o corpo da

PREGAÇÃO TRANSFORMADORA

ressurreição não terá corrupção, ou seja, jamais ficará cansado, enfermo ou senil. Será um corpo perfeito, sem defeito, com absoluto vigor.

Em segundo lugar, *semeia-se em desonra, ressuscita em glória* (15:42). O nosso corpo hoje é escravizado por pecados, vícios e mazelas de toda sorte. Sofre o golpe da nossa insensatez e recebe a paga do nosso pecado. O nosso corpo fica desfigurado pela iniquidade, abatido pela doença e sem qualquer beleza ou fulgor por causa do peso dos anos que nos esmaga. No entanto, o corpo da ressurreição brilhará como as estrelas no firmamento. Jamais ficará envelhecido ou cansado. Será um corpo semelhante ao corpo glorioso do Senhor Jesus (Filipenses 3:21).

Em terceiro lugar, *semeia-se em fraqueza, ressuscita em poder* (15:43). O nosso corpo tem muitas fraquezas. Temos limitações intransponíveis. À medida que os anos passam, o nosso corpo torna-se débil, enrugado e impotente. Os nossos olhos tornam-se embaçados, as nossas mãos ficam descaídas e os nossos joelhos, trôpegos. Todavia, o corpo da ressurreição será um corpo poderoso. Não terá limitações. Quando Jesus ressuscitou e recebeu um corpo de glória, ele entrava numa casa fechada sem precisar abrir a porta. Ele saía de Jerusalém e aparecia na Galileia, sem precisar percorrer essa longa distância. Ele foi elevado aos céus entre nuvens. Assim será o corpo que receberemos na ressurreição: um corpo poderoso!

Em quarto lugar, *semeia-se corpo natural, ressuscita corpo espiritual* (15:44). O nosso corpo foi feito do pó, é pó e voltará ao pó. O corpo é terreno e não pode sobreviver senão nesse ambiente. No entanto, o corpo da ressurreição será um corpo espiritual e celestial, completamente governado pelo nosso espírito glorificado. Então, habitaremos os novos céus e a nova terra. Reinaremos com Cristo e o serviremos pelo desdobrar da eternidade. Assim como no corpo terreno trazemos a imagem do primeiro Adão, no corpo espiritual traremos a imagem de Jesus, o segundo Adão, a imagem do celestial. Oh, quão belo, perfeito e glorioso será o nosso corpo!

# 26

# COMO TER RELACIONAMENTOS SAUDÁVEIS NA IGREJA

(Filipenses 2:1-30)

A igreja de Filipos foi a maior parceira do apóstolo Paulo no que tange a dar e receber. Assistiu o apóstolo em várias circunstâncias. Era uma igreja com forte pendor missionário. Do lado de fora das portas, aquela igreja era um exemplo. Internamente, porém, enfrentava alguns problemas. A área vulnerável da igreja eram os relacionamentos. Havia discordância entre duas mulheres proeminentes na igreja, Evódia e Síntique (Filipenses 4:2). Em Filipenses 2:1-30, Paulo enumera sete princípios para a restauração dos relacionamentos na igreja e depois dá quatro exemplos.

Em primeiro lugar, *os princípios para mantermos relacionamentos saudáveis na igreja* (Filipenses 2:1-4). O primeiro princípio é pensar a mesma coisa. Podemos ter divergências uns com os outros, mas devemos focar a atenção naquilo que nos une; não no que nos separa. Se estamos em Cristo, somos irmãos, membros do mesmo corpo, participantes da mesma família, e o nosso papel não é lutar uns contra os outros, mas manter unidade de pensamento. O segundo princípio é ter o mesmo amor. O amor é o vínculo da perfeição. O amor é a primeira marca da maturidade cristã. O amor é o nosso distintivo. É por meio dele que somos conhecidos como discípulos de Cristo. Precisamos amar o irmão em vez de concorrer com ele ou lutar contra ele. O terceiro princípio é ser unido de alma. Não basta amar os irmãos de forma genérica; é preciso que esse amor seja pessoal, profundo, como se fôssemos almas gêmeas. O quarto princípio é ter o mesmo sentimento. Não raro brotam divergências e até contendas entre os irmãos. Se não vigiarmos, instalam-se em nosso coração a amargura, o rancor e a indiferença. O nosso papel, como membros da família de Deus, é nutrirmos o mesmo sentimento

## PREGAÇÃO TRANSFORMADORA

uns para com os outros. O quinto princípio é não dar guarida à exaltação do "eu" nem alimentar partidos dentro da igreja. Paulo diz que não devemos fazer nada por partidarismo ou vanglória. A humildade deve reger os nossos relacionamentos; não a altivez. O sexto princípio é considerar o irmão superior a si mesmo. Sempre que deixamos o "eu" na frente do "outro", levantamos muralhas nos relacionamentos. Sempre que enaltecemos a nós mesmos para diminuir o outro, cavamos abismos em vez de construir pontes nos relacionamentos. O sétimo princípio é pensar nos interesses dos outros antes de laborarmos em causa própria. Se observarmos esses sete princípios, curaremos feridas, restauraremos relacionamentos, a igreja será edificada e Deus será glorificado em nós.

Em segundo lugar, *os exemplos que devemos mirar se quisermos manter relacionamentos saudáveis na igreja* (Filipenses 2:5-30). Paulo elenca quatro exemplos de pessoas que puseram o "outro" na frente do "eu". O primeiro exemplo é o de Cristo Jesus (Filipenses 2:5-11). Devemos ter o mesmo sentimento que houve também em Cristo Jesus. Ele, sendo Deus, se esvaziou, se humilhou e desceu às mais baixas profundezas, a ponto de morrer por nós, morte de cruz. Deus, porém, o exaltou e Lhe deu o nome mais exaltado. O segundo exemplo é o do próprio apóstolo Paulo (Filipenses 2:12-18). Pensando mais nos outros do que em si mesmo, Paulo ofereceu a si mesmo como libação sobre o sacrifício e o serviço dos irmãos. Ele não buscou glória para si, mas doou-se pelos irmãos. O terceiro exemplo é o de Timóteo (Filipenses 2:19-24). Timóteo era um homem singular, que não cuidava de seus próprios interesses, mas dos interesses de Cristo e dos irmãos. Ele foi um servo, que serviu ao evangelho juntamente com Paulo. O quarto exemplo é o de Epafrodito (Filipenses 3:25-30). Esse valoroso irmão, cooperador de Paulo e companheiro nas lutas, por causa da obra de Cristo, chegou às portas da morte, dispondo-se a dar a própria vida para levar uma ajuda da igreja de Filipos ao apóstolo Paulo que estava preso em Roma.

Que os princípios mencionados e os exemplos elencados nos ajudem na caminhada rumo à comunhão fraternal.

# 27

# CONSIDERE-SE MORTO!

### (Romanos 6:1-14)

Você deve andar com sua certidão de óbito no bolso. Eu explico! É que o apóstolo Paulo está respondendo à pergunta insinuante dos libertinos: *Permaneceremos no pecado, para que seja a graça mais abundante?* (Romanos 6:1). Esses expoentes da licenciosidade haviam entendido mal o ensino apostólico: *Onde abundou o pecado, superabundou a graça* (Romanos 5:20). O argumento do veterano apóstolo é demolidor para as pretensões imorais dos libertinos: Não podemos viver para o pecado, se para o pecado já morremos (Romanos 6:2). Na verdade, nós já fomos batizados com Cristo na Sua morte (Romanos 6:3). Fomos sepultados com Cristo na morte pelo batismo (Romanos 6:4). Devemos saber que o nosso velho homem foi crucificado com Cristo (Romanos 6:6). Refutando, portanto, os libertinos e ensinando a igreja sobre a nova vida em Cristo, Paulo faz uma transição da justificação para a santificação, destacando três verdades sublimes:

Em primeiro lugar, *o que devemos saber* (Romanos 6:6). Devemos saber que o nosso velho homem já foi crucificado com Cristo. O velho homem não é o nosso homem interior, mas o nosso homem anterior. A nossa morte com Cristo é um fato legal e consumado e, por isso, deve ser matéria do nosso conhecimento. Fomos crucificados com Ele. Morremos com Ele. Sua morte foi a nossa morte, pois estávamos nele. Como Cristo ressuscitou para não mais morrer, nós ressuscitamos com Ele para uma nova vida. Desse modo, morremos para o pecado de uma vez para sempre, para vivermos para Deus também para sempre. O apóstolo Paulo diz que esse não é um assunto que se deve sentir, mas que se deve saber. Essa verdade deve dominar a nossa mente mais do que agitar o nosso coração.

PREGAÇÃO TRANSFORMADORA

Em segundo lugar, *o que devemos considerar* (Romanos 6:11). O apóstolo Paulo dá mais um passo rumo ao ensino sobre a nossa santificação e diz que precisamos considerar-nos mortos para o pecado. A morte legal para o pecado deve ser agora considerada experimental e constantemente por nós. Sempre que o pecado quiser impor a nós o seu reinado, precisamos tirar a certidão de óbito do bolso e dizer que não vamos mais atender às suas ordens porque estamos mortos. Paulo é categórico em informar que *quem morreu está justificado do pecado* (Romanos 6:7). O reinado do pecado sobre o nosso corpo mortal acabou. Não precisamos mais obedecer às suas paixões. Esse rei perverso que nos mantinha no cativeiro foi destituído. Fomos libertos. Somos livres. Quando a tentação bater à porta do nosso coração com seus encantos e apelos, devemos considerar isto: estamos mortos!

Em terceiro lugar, *o que devemos oferecer* (Romanos 6:13). Ao saber que fomos crucificados com Cristo e considerar que estamos mortos em Cristo e vivos para Deus, não temos mais obrigação de oferecer os membros do nosso corpo ao pecado, como instrumentos de iniquidade. A contrário, devemos oferecer-nos a Deus como ressurretos dentre os mortos e os membros do nosso corpo como instrumentos de justiça. Os nossos olhos não devem mais contemplar o que é mal. Os nossos ouvidos não devem mais se dispor a ouvir o que não edifica. O nosso paladar não deve mais degustar o que nos é prejudicial. As nossas mãos não devem praticar o mal nem os nossos pés andar por caminhos tortuosos. O pecado não tem mais domínio sobre nós, uma vez que não estamos mais debaixo da lei, e sim da graça. O reinado da graça nos faz verdadeiramente livres; livres não para pecar, mas livres para viver em santidade.

# 28

# DEBAIXO DO CAJADO
# DE JESUS

(Salmos 23:1-6)

O Salmo 23 é um reservatório inesgotável de consolo para o povo de Deus. Dessa fonte jorra copiosamente refrigério para os cansados, força para os fracos e alegria para os tristes. Jesus é o pastor divino. Ele é o bom, o grande e supremo pastor. Ele ama Suas ovelhas e cuida delas. Ele deu Sua vida por elas e as guiará à casa do Pai, à bem-aventurança eterna. O Salmo 23 enseja-nos três lições assaz oportunas:

Em primeiro lugar, *porque o Senhor é o nosso pastor, há pleno suprimento para as nossas necessidades* (Salmos 23:1-3). Embora, como ovelhas, sejamos frágeis, míopes, inseguros e inclinados a nos desviar do aprisco das ovelhas, em Jesus Cristo, o bom, o grande e supremo pastor, temos repouso, refrigério e direção. Jesus não é apenas o nosso grande provedor; Ele é também a nossa melhor provisão. Ele não apenas nos concede Sua paz nas tormentas da vida; Ele é a nossa paz. Jesus não apenas nos guia pelas veredas da justiça; Ele é a nossa justiça. Jesus não é apenas pastor; Ele é o nosso pastor. Aquele que está assentado no trono e tem as rédeas da história em Suas mãos pastoreia a nossa alma, alimenta-nos com Sua graça e fortalece-nos com Seu poder. Conhecê-lo é a própria essência da vida eterna. Andar com Ele é a maior de todas as venturas. Glorificá-lo é a razão da nossa vida. Fazer a Sua vontade é a maior de todas as nossas metas. Portanto, como Davi, podemos alçar a nossa voz e dizer que o Senhor é o nosso pastor, por isso nada nos faltará!

Em segundo lugar, *porque o Senhor é o nosso pastor, há consoladora companhia nas adversidades* (Salmos 23:4,5). A vida cristã não é uma jornada fácil. Cruzamos desertos tórridos e vales profundos. Atravessamos mares revoltos e enfrentamos ventos contrários. No entanto, mesmo quando andamos pelo

PREGAÇÃO TRANSFORMADORA

vale da sombra da morte, não precisamos ter medo. Isso não porque somos fortes ou porque os perigos são irreais. A nossa confiança decorre do fato de Jesus estar conosco em todas as circunstâncias e em todo o tempo. Não precisamos ter medo dos adversários que nos ameaçam, pois o nosso pastor nos dá vitória sobre eles. Não precisamos ter medo de vexame e fracasso, pois o nosso pastor nos honra, ungindo-nos a cabeça com óleo. Não precisamos ter medo da tristeza que ronda a nossa alma, pois o nosso pastor oferece-nos robusta alegria, fazendo o nosso cálice transbordar.

Em terceiro lugar, *porque o Senhor é o nosso pastor, temos bendita comunhão para a eternidade* (Salmos 23:6). Não apenas o nosso pastor está conosco, mas também coloca ao nosso lado dois escudos seguros: a bondade e a misericórdia, e isso durante todos os dias da nossa vida. Bondade é o que Deus nos oferece sem que o mereçamos a Sua graça. Misericórdia é o que nós merecemos, e Deus não nos dá, o Seu juízo. Ladeados por bondade e misericórdia, avançamos neste mundo, guardados e protegidos. Quando, porém, a carreira terminar, então habitaremos na casa do Senhor para todo o sempre. Aqui o Senhor está conosco; lá, estaremos com Ele. Sua presença será a nossa alegria e a nossa maior recompensa. O céu é a casa do Pai. O céu é o nosso lar. Para lá caminhamos. Lá está a nossa pátria. Lá está o nosso tesouro. Lá está o nosso bom, grande e supremo pastor. Ele é o centro dos decretos divinos. Ele é o centro das Escrituras. Ele é o centro da história. Ele é o centro da eternidade. Ele é o centro do paraíso. Vivemos nele, com Ele e para Ele. Jesus é a nossa segurança, a nossa provisão, a nossa paz, a nossa justiça, a nossa alegria, a nossa recompensa. Com Ele estaremos para sempre e com Ele reinaremos pelos séculos eternos!

# 29

# DESCULPAS, MERAS DESCULPAS

### (Êxodo 3:11)

Moisés viveu cento e vinte anos. Os quarenta primeiros, viveu no Egito, como filho da filha de Faraó, onde se tornou perito nas ciências e onde recebeu seu treinamento acadêmico. Os quarenta anos seguintes, viveu no deserto do Sinai, onde constituiu família e trabalhou como pastor de ovelhas. Durante os últimos quarenta anos, libertou o povo de Israel da escravidão e conduziu-o pelo inóspito deserto rumo à terra prometida. O chamado de Moisés para essa gigantesca missão deu-se em meio às suas tentativas de fuga. Ele destacou várias vezes sua inadequação para tão grande missão, com desculpas e mais desculpas. Vejamos aqui quais foram as desculpas de Moisés:

Em primeiro lugar, *a desculpa de sua insignificância pessoal* (Êxodo 3:11). — *... Quem sou eu para ir a Faraó e tirar do Egito os filhos de Israel?* Moisés olha para sua limitação e vê uma impossibilidade intransponível. Certamente ele não iria em sua própria força e não tiraria do Egito o povo da promessa com seu próprio poder. Sempre que olhamos para as nossas limitações, sentimo-nos inadequados para a grande missão que Deus nos outorga.

Em segundo lugar, *a desculpa de sua falta de credibilidade* (Êxodo 4:1). — *... Mas eis que não crerão, nem acudirão à minha voz, pois dirão: O SENHOR não te apareceu.* Moisés sente-se pequeno demais para ser ouvido no Egito. Deus apareceu a ele no Sinai, mas o povo não viu essa manifestação; portanto, ele se vê sem credibilidade ao falar em nome de Deus. Sua experiência pessoal junto à sarça ardente, pensa Moisés, carece de confirmação pública para ser ouvido.

## PREGAÇÃO TRANSFORMADORA

Em terceiro lugar, *a desculpa da falta de eloquência* (Êxodo 4:10). — *... Ah! Senhor! Eu nunca fui eloquente, nem outrora, nem depois que falaste a teu servo, pois sou pesado de boca e pesado de língua.* Moisés sentiu-se impedido de ir falar ao povo, uma vez que não se julgava eloquente para convencer as pessoas por intermédio de seu discurso. Esqueceu-se de que o Deus que envia é o Deus que capacita. O mesmo que fez a boca é também aquele que dá a palavra certa e tem poder para tocar os corações.

Em quarto lugar, *a desculpa da indisposição de ir, uma vez que havia outros mais capacitados para a tarefa* (Êxodo 4:13). — *Ele, porém, respondeu: Ah! SENHOR! Envia aquele que hás de enviar, menos a mim.* Moisés sente-se o mais desajeitado de todos os homens para tão grande tarefa. Entende que existem outras pessoas mais capacitadas que ele. Sugere a Deus mudar de ideia e enviar outro qualquer, menos ele. Quer ficar de fora. Não quer se envolver. Sente--se incapacitado. Prefere omitir-se. Sente-se mais confortável transferindo a responsabilidade a outrem.

Em quinto lugar, *a desculpa das dificuldades na realização da missão* (Êxodo 5:22). — *Então, Moisés, tornando-se ao SENHOR, disse: Ó SENHOR, por que afligiste este povo? Por que me enviaste?* Moisés deixou de falar para Faraó o que Deus ordenou que ele falasse, ou seja, que, se Faraó não deixasse Israel, o primogênito de Deus, sair, o Senhor mataria o primogênito de Faraó (Êxodo 4:22,23). Portanto, quando Moisés falou a Faraó, este endureceu ainda mais seu coração e endureceu ainda mais sua mão sobre o povo já tão castigado, afligindo-o com mais rigor. É nesse contexto que Moisés reclama de Deus, dizendo: "Por que afliges este povo? Por que me enviaste?" Moisés sentia-se despreparado para a missão e agora fica ressentido por não ver a mão de Deus operando a rápida libertação.

Em sexto lugar, *a desculpa de não ver resultados de seu trabalho nem junto ao povo nem junto a Faraó* (Êxodo 6:12). — *... Eis que os filhos de Israel não me têm ouvido; como, pois, me ouvirá Faraó? E não sei falar bem.* Moisés estava em crise com o chamado divino. Agora, está em crise com os resultados de sua missão. O povo que deve ser liberto não atende à sua voz. Se o povo não o escuta, como Faraó escutará? Mais uma vez, Moisés destaca sua falta de eloquência para justificar o fracasso de sua missão. E ele volta a repetir essa mesma desculpa: *Respondeu Moisés na presença do SENHOR: Eu não sei falar bem; como, pois, me ouvirá Faraó* (Êxodo 6:30).

DESCULPAS, MERAS DESCULPAS

Apesar de todas essas desculpas de Moisés, ele foi o instrumento que Deus usou para tirar o Seu povo do Egito e liderá-lo no deserto até a entrada da terra prometida. Deus endureceu o já duro coração de Faraó, para desbancar todas as divindades do Egito e provar que só o Senhor é Deus. E você, que desculpas tem apresentado a Deus para escapar do trabalho que Deus lhe confiou?

# 30

# DEUS CONFRONTA O SEU POVO
## (Malaquias 1:1,2)

O livro do profeta Malaquias é uma sentença pronunciada pelo Senhor contra o Seu povo. É a cena de um tribunal, onde há acusação e defesa, pergunta e resposta. Sete são as sentenças de Deus contra Israel e sete são as desculpas infundadas de Israel a Deus. Vejamos:

Em primeiro lugar, *a questão do amor* (Malaquias 1:2). — *Eu vos tenho amado, diz o SENHOR; mas vós dizeis: Em que nos tens amado?*... Na mesma medida em que Deus afirma Seu amor a Israel, este questiona o amor de Deus. Deus não apenas afirma, mas argumenta. A escolha de Jacó e a rejeição de Esaú são uma prova do amor eletivo de Deus. Jacó foi amado não por suas virtudes, mas apesar dos seus defeitos. Foi escolhido não por méritos, mas por pura graça. O amor de Deus a nós é, de igual modo, incondicional.

Em segundo lugar, *a questão da honra* (Malaquias 1:6). — *... Se eu sou pai, onde está a minha honra? E, se eu sou senhor, onde está o respeito para comigo? [...] Vós dizeis: Em que desprezamos nós o teu nome?* O povo continuava chamando Deus de Pai e Senhor, mas isso não passava de um clichê vazio de significado. Sua maneira de viver reprovava sua profissão de fé. Havia um abismo entre o que falavam e o que faziam, entre o credo e a conduta. Eles desonravam Deus porque desprezavam o culto, o templo, os sacrifícios, o casamento, os dízimos e a própria santidade divina.

Em terceiro lugar, *a questão do culto* (Malaquias 1:7). — *Ofereceis sobre o meu altar pão imundo e ainda perguntais: Em que te havemos profanado? Nisto, que pensais: A mesa do SENHOR é desprezível.* O povo de Israel havia profanado o culto. Eles estavam oferecendo a Deus ofertas desprezíveis, pão imundo e animais imperfeitos. Colocavam na mesa de Deus o pior, o imprestável, o imundo. Honravam mais o governador que a Deus. Entregavam-lhe o resto, a sobra, o que não tinha nenhum valor. O culto a Deus precisa ser de acordo com os preceitos estabelecidos por Deus; não segundo as inclinações do pensamento humano.

PREGAÇÃO TRANSFORMADORA

Em quarto lugar, *a questão do caráter de Deus* (Malaquias 2:17). — *Enfadais o Senhor com vossas palavras; e ainda dizeis: Em que o enfadamos? Nisto, que pensais: Qualquer que faz o mal passa por bom aos olhos do Senhor, e desses é que ele se agrada; ou: Onde está o Deus do juízo?* Depois de questionar o amor de Deus, de desonrar a Deus e de profanar o culto divino, agora o povo macula o caráter de Deus, pensando que Ele não é apenas tolerante com o pecado, mas também que privilegia aquele que pratica o mal, pois é desse que Deus, segundo eles, Se agrada. O povo põe em dúvida o caráter justo de Deus e o seu correto julgamento.

Em quinto lugar, *a questão da conversão* (Malaquias 3:7). — *... tornai-vos para mim, e eu me tornarei para vós outros, diz o Senhor dos Exércitos; mas vós dizeis: Em que havemos de tornar?* Pior do que a prática do pecado é a incapacidade de percebê-lo. O povo estava longe de Deus e não tinha consciência disso. O povo estava afrontando a Deus com suas palavras e ações e não sentia nenhum pesar nem necessidade de voltar-se para Deus. Ao ser repreendido por Deus, não se arrependia. Ao ser convidado a voltar-se para Deus, não via nenhuma necessidade de fazê-lo.

Em sexto lugar, *a questão do dízimo* (Malaquias 3:8). — *Roubará o homem a Deus? Todavia, vós me roubais e dizeis: Em que te roubamos? Nos dízimos e nas ofertas.* Não apenas o coração do povo estava longe de Deus, mas também seu bolso. Eles não apenas traziam ofertas imundas, mas também sonegavam os dízimos. Traziam o que Deus não queria e deixavam de trazer o que Deus exigia. Os dízimos pertencem ao Senhor. Portanto, subestimá-lo, sonegá-lo, subtraí-lo ou administrá-lo está na contramão da vontade de Deus. Deixar de trazer à casa de Deus todos os dízimos é roubar a Deus.

Em sétimo lugar, *a questão das palavras* (Malaquias 3:13). — *As vossas palavras foram duras para mim, diz o Senhor; mas vós dizeis: Que temos falado contra ti?* O povo falava para Deus que era inútil servi-lo, que não havia nenhum proveito em guardar os Seus preceitos ou em se humilhar em Sua presença (Malaquias 3:14). O povo achava que os soberbos é que eram felizes e que os ímpios é que verdadeiramente prosperavam. O povo falava que os ímpios tentavam Deus e escapavam ilesos (Malaquias 3:15). Em meio ao povo apóstata, entretanto, havia um remanescente que temia a Deus e que restabeleceu a verdade de que há diferença, sim, entre o justo e o perverso, entre o que serve a Deus e o que não O serve (Malaquias 3:16-18).

Deus ainda confronta a Sua igreja. Do que temos sido culpados? Que desculpas estamos dando? É tempo de arrependimento! É tempo de voltarmo-nos para Deus!

# 31

## ENCARNAÇÃO: O GRANDE MISTÉRIO DO CRISTIANISMO

### (João 1:14)

Atanásio, o grande vencedor da ortodoxia, no Concílio de Niceia, em 325 d.C., disse acertadamente que a encarnação do Verbo é o grande mistério do cristianismo. O apóstolo João, no vestíbulo de seu evangelho, apresenta-nos o Verbo Eterno, pessoal, divino, autoexistente, agente da criação, luz que ilumina todo homem e o único nome pelo qual podemos receber de Deus a salvação. A encarnação é uma doutrina cristã que transcende o nosso entendimento, mas nutre a nossa alma de gloriosa segurança. Três verdades são enfatizadas no texto em referência.

Em primeiro lugar, *o autoesvaziamento daquele que é transcendente* (João 1:14a). O Verbo tem os mesmos atributos de Deus e realiza as mesmas obras de Deus; portanto, Ele é Deus. Deus de Deus, Luz de Luz, Coigual, Coeterno e Consubstancial com o Pai. Ele não deixou de ser Deus ao entrar no mundo e se fazer homem, nem deixou de ser homem ao retornar para o céu como Deus. Seus atributos são divinos: Ele é Imenso, Infinito, Eterno, Imutável, Autoexistente, Onipotente, Onisciente, Onipresente e Transcendente. Ele é maior do que tudo quanto existe. Não há sequer um centímetro deste vasto e insondável universo onde Ele não esteja e não seja o Senhor. Nem o céu dos céus pode contê-lo. Ele é transcendente! Na plenitude dos tempos, esvaziou a si mesmo, tornou-se um zigoto, um embrião, um feto, um bebê. Nasceu de uma virgem, foi colocado numa manjedoura, enfaixado em panos e cresceu em sabedoria, estatura e graça diante de Deus e dos homens. Ele vestiu pele humana, pisou o nosso chão, comeu o nosso pão, bebeu a nossa água, chorou as nossas lágrimas, sentiu a nossa dor, foi traspassado pelas nossas iniquidades, morreu pelos nossos pecados e ressuscitou para a nossa

PREGAÇÃO TRANSFORMADORA

justificação. Oh, que glorioso mistério: Deus se fez homem, o Eterno entrou no tempo. Sendo Ele Senhor, se fez servo. Sendo Ele rico, se fez pobre por amor a nós. Sendo Ele santo, foi feito pecado por nós. Sendo Ele bendito, foi feito maldição para que fôssemos benditos eternamente.

Em segundo lugar, *a autorrevelação cheia de graça e verdade daquele que é santo e justo* (João 1:14b). Se o Verbo divino tivesse vindo até nós cheio de justiça e juízo, estaríamos arruinados. Aos Seus olhos, o melhor de nós, a nossa justiça, não passa de trapo de imundícia. E o pior de nós, os nossos pecados, o que seria aos Seus olhos? Ele veio não para nos condenar, mas para nos salvar. Veio não para ser servido, mas para servir e dar Sua vida em nosso resgate. Ele nos amou não por causa dos nossos méritos, mas apesar dos nossos deméritos. Ele pôs Seu coração em nós, quando éramos fracos, ímpios, pecadores e inimigos. Estávamos perdidos e fomos achados. Estávamos mortos e recebemos vida. Éramos escravos do pecado, depravados e condenados, e Ele nos libertou, nos ressuscitou para uma nova vida e transformou a nossa história, fazendo-nos assentar com Ele nos lugares celestiais.

Em terceiro lugar, *a manifestação plena daquele que é glorioso*. O texto conclui, dizendo: ... *e vimos a sua glória, glória como do Unigênito do Pai* (João 1:14c). A glória não é um atributo de Deus, como santidade, justiça e misericórdia, mas a manifestação máxima de todos os atributos de Deus, no seu pleno fulgor. Quando os profetas do Antigo Testamento foram levantados, enfatizaram os atributos de Deus. Isaías enfatizou Sua santidade; Amós, a Sua justiça; e Oseias, a Sua misericórdia. Quando, porém, Jesus veio, na plenitude dos tempos, Ele estampou diante de nós não apenas Sua santidade, justiça e misericórdia, mas todo o fulgor da glória de Deus. Nele habitou corporalmente toda a plenitude da divindade. Ele é o resplendor da glória e a exata expressão do ser de Deus. Ele mesmo disse: *Quem vê a mim, vê o Pai, porque eu e o Pai somos um* (v. João 14:9; 10:30). Se quisermos saber quão magnífico é o nosso Deus, devemos olhar para Jesus! Ele é a exegese de Deus. Ele veio nos revelar Deus e nos levar de volta para a presença de Deus. Ele é o caminho para Deus. Ele é a porta de acesso à presença de Deus. Ele é o Verbo que se fez carne. Ele é o Deus Emanuel!

# 32

# ESTIVE COM FOME
# E ME DESTES DE COMER

### (Mateus 25:35)

Os extremos são perigosos. Há na igreja aqueles que reduzem o cristianismo à prática da caridade; outros, tapam os ouvidos ao clamor dos aflitos. Há aqueles que reduzem o evangelho ao social; outros, nada veem no evangelho sobre o socorro aos necessitados. Ambos os extremos não têm amparo nas Escrituras. A Palavra de Deus acentua o privilégio de pregar o evangelho e a responsabilidade de socorrer os necessitados. Destacaremos alguns pontos:

Em primeiro lugar, *as obras são evidência da nossa salvação* (Efésios 2:8-10). Não somos salvos pelas obras, mas para as boas obras. As boas obras não são a causa, mas o resultado da nossa salvação. A justificação é pela fé somente, mas a fé salvífica nunca vem só. A fé sem obras é morta (Tiago 2:17). São as obras que autenticam a nossa fé, pois somos feitura de Deus, criados em Cristo Jesus, para as boas obras. Tiago escreve: *A religião pura e sem mácula, para com o nosso Deus e Pai, é esta: visitar os órfãos e as viúvas nas suas tribulações e a si mesmo guardar-se incontaminado do mundo* (Tiago 1:27).

Em segundo lugar, *a prática do amor é a evidência de que somos discípulos de Cristo* (João 13:34,35). Provamos que somos discípulos de Cristo não apenas pela doutrina que professamos, mas, sobretudo, pelo amor que praticamos. Devemos amar como Cristo nos amou, ou seja, com amor sacrificial. Como? O apóstolo João responde: *Nisto conhecemos o amor: que Cristo deu a sua vida por nós; e devemos dar nossa vida pelos irmãos* (1João 3:16). Como podemos demonstrar esse amor? Socorrendo os aflitos, alimentando os famintos, visitando os enfermos e dando abrigo aos forasteiros! Somos conhecidos como discípulos de Cristo pelo amor. O amor é a apologética final, a evidência irrefutável de que amamos como Cristo nos amou.

Em terceiro lugar, *seremos julgados no dia do juízo se nos omitirmos na prática do bem* (Mateus 25:31-46). Saber que se deve fazer o bem e não o fazer é um

## PREGAÇÃO TRANSFORMADORA

pecado. No dia do juízo, seremos julgados pelas nossas palavras, pelas nossas ações, pelos nossos pensamentos e pelas nossas omissões. Não dar pão ao faminto, água ao sedento, roupa ao nu e abrigo ao forasteiro é um grave pecado aos olhos de Deus. Deixar de visitar o encarcerado e o enfermo em sua aflição é uma negação do amor que professamos. No dia do juízo, Jesus dirá aos que estiverem à sua direita: ... *tive fome e me destes de comer.* Como assim, Jesus? ... *sempre que o fizestes a um destes meus pequeninos irmãos, a mim o fizestes.*

Em quarto lugar, *devemos fazer o bem a todos, sem distinção* (Gálatas 6:10). Embora devamos cuidar primeiro dos membros da nossa família e dos domésticos da fé, a nossa generosidade não pode parar aí. Devemos fazer o bem a todos, sem exceção e sem acepção. Devemos pagar o mal com o bem. Devemos dar àqueles que não podem nos retribuir. Devemos alimentar até mesmo os nossos inimigos. Devemos abençoar quem nos amaldiçoa e orar por aqueles que nos perseguem (Romanos 12:17-21).

Em quinto lugar, *devemos ajudar de forma prática aqueles que estão em nosso caminho* (Lucas 10:29-37). O nosso próximo é toda pessoa que está ao alcance da nossa mão. Jesus contou a parábola do bom samaritano para destacar o fato de que a nossa ajuda precisa ser prática e endereçada até mesmo àqueles que historicamente são considerados como os nossos inimigos. O samaritano, desprezado pelos judeus, é quem estende a mão ao homem moribundo à beira do caminho. Amar apenas aqueles que nos amam e servir apenas aos domésticos da fé é uma limitação da ação misericordiosa de Deus estendida a todos os homens. Se Deus nos amou quando éramos fracos, ímpios, pecadores e inimigos, iremos nós sonegar amor aos que estão na mesma condição?

Em sexto lugar, *a verdadeira espiritualidade passa pelo amor prático ao nosso próximo* (Isaías 58:6,7). Deus está mais interessado na prática do amor do que na observância de rituais religiosos. Os fariseus eram criteriosos em observar seus rituais, mas não hesitavam em explorar até mesmo os órfãos e as viúvas. Deus se agrada mais da misericórdia do que de sacrifícios. Atos de amor valem mais que palavras de amor. O jejum que Deus requer é cessar de acusar o próximo e dar pão ao faminto, vestir o nu e receber em casa os desabrigados.

Em sétimo lugar, *quando a igreja pratica boas obras na terra, Deus é glorificado no céu* (Mateus 5:16). Jesus foi enfático em dizer que a nossa luz deve brilhar diante dos homens, para que eles vejam as nossas boas obras e glorifiquem ao Pai que está nos céus. As nossas ofertas de amor ao próximo sobem à presença de Deus e são recebidas por ele como aroma suave. Isso redunda em gratidão no coração dos homens e em ações de graças a Deus.

# 33

# EU SEI EM QUEM TENHO CRIDO

## (2Timóteo 1:12)

Paulo está preso em Roma pela segunda vez. Agora, não mais com certas regalias, mas jogado na masmorra mamertina, um lugar úmido, frio, insalubre e nauseabundo. Esse bandeirante do cristianismo já está velho e cheio de cicatrizes. Pesa sobre ele a imputação do mais severo crime. Acusam-no de ser o líder dos incendiários de Roma. A mais rica, a mais poderosa, a mais populosa cidade do mundo, a cidade de Roma, a capital do Império, ardeu em chamas sete noites e seis dias, de 17 de julho a 24 de julho do ano 64 d.C. Setenta por cento da cidade foi atingida pelas chamas. Esse crime horrendo foi colocado na conta dos cristãos. Como resultado, houve um massacre sangrento contra eles. Foram crucificados e queimados vivos para iluminar as noites de Roma. Paulo, como o líder mais conhecido dos cristãos ocidentais, foi preso e lançado nessa prisão imunda, de onde as pessoas saíam leprosas ou para o martírio.

Como consequência disso, algumas coisas aconteceram, como veremos:

Em primeiro lugar, *Paulo é acusado de malfeitor* (2Timóteo 2:9). O veterano apóstolo, que plantou igrejas nas províncias da Galácia, Macedônia, Acaia e Ásia Menor, está preso, como um bandido, como um criminoso, pesando sobre ele a imputação do crime bárbaro de ser o líder dos incendiários da capital do Império. Jogaram lama no nome desse homem de Deus. Arruinaram sua reputação. Atribuíram contra ele os mais pesados libelos acusatórios. Desconstruíram sua imagem e transformaram-no num desordeiro impiedoso.

PREGAÇÃO TRANSFORMADORA

Em segundo lugar, *Paulo é abandonado pelos seus filhos na fé* (2Timóteo 1:15). Todos os membros das igrejas da Ásia, que Paulo plantou direta ou indiretamente, terminaram abandonando-o. Esses crentes conheciam Paulo. Sabiam de sua vida irrepreensível. Conheciam seu caráter impoluto e sem jaça. Tinham plena convicção de que ele era inocente e que as pesadas acusações contra ele eram uma clamorosa injustiça. Mas, esses irmãos fracassaram na coragem. Acovardaram-se e deixaram Paulo sozinho em vez de se posicionarem a seu favor.

Em terceiro lugar, *Paulo é vítima do constrangimento de Timóteo, seu filho mais achegado* (2Timóteo 1:8). O próprio Timóteo, seu mais próximo colaborador, seu filho amado, sentiu vergonha das algemas de Paulo. Ficou constrangido em posicionar-se publicamente a favor do velho apóstolo. Mesmo sabendo que as acusações eram falsas e que não cabia a Paulo a alcunha de malfeitor, calou sua voz e ficou envergonhado de defendê-lo. Talvez, de todos os esbarros que Paulo sofreu, esse tenha sido o que mais o comoveu. Saber que até mesmo seus amigos mais próximos ficaram constrangidos de sair em sua defesa.

Em quarto lugar, *Paulo é vítima de ingratidão e abandono na sua primeira defesa* (2Timóteo 4:16). Mesmo sendo acusado de um crime tão grave, Paulo teve o direito de defesa. Porém, em sua primeira defesa, na audiência onde deveria apresentar suas alegações de inocência, ninguém apareceu por lá para defendê-lo. Ao contrário, todos o abandonaram. Não fosse a assistência do Senhor para revesti-lo de forças, Paulo teria sucumbido. Paulo sofre a dor da ingratidão daqueles que conheciam seu testemunho ilibado e que foram fruto de seu frutífero ministério.

Em quinto lugar, *Paulo é sentenciado* à *morte, mesmo sendo inocente* (2Timóteo 4:6). Paulo escreve a Timóteo sua segunda epístola como um homem no corredor da morte, aguardando o dia de sua execução. Não escreve para estadear sua revolta, mas para dizer que o Senhor o revestira de forças. Para afirmar que valia a pena viver, pois seu combate fora um bom combate, sua carreira fora concluída e sua fé preservada. Escreve para dizer que sua morte era uma oferta ao Senhor e que à sua frente estava a coroação; não meramente o martírio. Escreve para dizer que sua fé era inabalável e que a âncora de sua esperança estava firmada em Cristo. Por isso, diz: *... sei em quem tenho crido e estou certo de que ele é poderoso para guardar o meu depósito até aquele Dia* (2Timóteo 1:12). Oh, inabalável convicção da glória! Oh, esperança bendita!

# 34

# FRUTO, NUNCA MAIS!

### (Mateus 21:18-22)

Jesus já havia subido a Jerusalém para a festa da Páscoa. Estava mergulha-do na sombra da cruz. Era sua última semana, antes de ser preso, julgado, condenado e pregado na cruz. Jesus saíra de Jerusalém para pernoitar em Betânia e logo de manhã estava de volta à cidade que o aclamara e que, liderada pelos sacerdotes, reivindicaria Sua morte. Cedo de manhã, ao vol-tar para Jerusalém, teve fome. Nesse momento, Ele vê uma figueira à beira do caminho. Aproximando-se dela, não encontrou nenhum fruto, apenas folhas. Jesus, então, pronuncia Seu juízo à figueira. Aquela que, fazendo propaganda de frutos, deles estava desprovida, foi sentenciada a ficar sem frutos. Imediatamente a figueira secou. Que lições podemos aprender com esse episódio?

Em primeiro lugar, *folhas sem frutos são aparências que enganam*. Na figuei-ra, as folhas vêm depois dos frutos. Se a figueira tinha folhas, logo anunciava ter frutos. Mas sua aparência era enganosa. Assim, também muitas pessoas parecem ser espirituais. Estão estrategicamente posicionadas à beira do ca-minho. Chamam a atenção para seu porte, para sua linda roupagem, para sua atrativa aparência. Estão revestidas de folhas, mas desprovidas de frutos. Fazem propaganda de frutos, mas só têm folhas. Sua vida é uma mentira. Seu discurso é um engano. Sua espiritualidade é uma farsa.

Em segundo lugar, *folhas sem frutos são propaganda que decepcionam*. A fi-gueira primeiro produz frutos e depois brotam as folhas. As folhas protegem os frutos, mas não são um substituto deles. Os frutos vêm antes das folhas. Folhas sem frutos são propaganda enganosa. Consumada hipocrisia. Dis-curso sem vida. Espiritualidade falaciosa. Jesus estava com fome. A figueira,

PREGAÇÃO TRANSFORMADORA

por ter folhas, fazia propaganda de seus frutos. Mas, ao examiná-la, Jesus não encontra nela frutos. Aquela figueira era uma decepção.

Em terceiro lugar, *folhas sem frutos são promessas que fracassam.* Jesus não encontra frutos na figueira para matar Sua fome. Chegou faminto e saiu faminto. A promessa de frutos era exuberante, mas a realidade dos frutos inexistia. Havia um abismo entre o que a figueira demonstrava e o que de fato era. Mesmo à beira do caminho, gerando tantas expectativas e as mais santas, frustrava a todos. Sua mensagem aos transeuntes era propaganda enganosa. Suas promessas eram um consumado fracasso.

Em quarto lugar, *folhas sem frutos desembocam em severo juízo.* Mateus registra a palavra severa de Jesus à figueira: *Nunca mais nasça fruto de ti!* (Mateus 21:19). Marcos, de igual forma, registra: *Nunca jamais coma alguém fruto de ti!* (Marcos 11:14). Imediatamente após a sentença de Jesus, a figueira secou, e secou até a raiz (Marcos 11:20). A maldição que caiu sobre aquela figueira foi ela permanecer como estava, sem frutos. O que Jesus fez foi arrancar sua máscara e sentenciá-la a permanecer estéril. Na verdade, Jesus não amaldiçoou aquela figueira. Ela já era uma maldição. Não passava de uma consumada mentira.

Esse milagre operado por Jesus, demonstrando seu juízo à figueira estéril, tinha o propósito de alertar a respeito da falsa espiritualidade de Israel e de seus líderes, que, embora ostentassem grande pompa religiosa, estavam desprovidos dos frutos da piedade. Esse milagre é um alerta para nós ainda hoje. Jesus não se contenta com folhas; ele quer encontrar em nós frutos!

# 35

# HÁ ESPERANÇA
# PARA AQUELE QUE PECOU

(Provérbios 28:13)

Não há homem que não peque. Todos pecaram e destituídos estão da glória de Deus. A inclinação do nosso coração é para o mal. O pecado é uma isca que nos seduz e uma armadilha que nos atrai. O pecado é maligníssimo. Seu salário é a morte. Mas será que há esperança para aquele que peca? O texto em referência nos dá a resposta.

Em primeiro lugar, *há esperança para aquele que peca quando há uma disposição de confissão*. Encobrir o pecado é subestimar seu poder devastador. Mantê-lo escondido é tornar-se seu escravo. Onde quer que o pecado é escondido, aí ele exerce sua tirania. O caminho do transgressor fica bloqueado sempre que seu pecado é mantido sob o manto do silêncio. Encobrir o pecado é abrir no peito uma dor sem cura, é ver alastrar no corpo uma doença contagiosa, é ser derrotado por um mal fatal. Davi chegou a dizer que, enquanto ele calou o seu pecado, o seu vigor tornou-se em sequidão de estio e a mão de Deus pesava sobre ele de dia e de noite. Os cânticos de alegria foram substituídos pelos constantes gemidos. A alma em festa foi coberta de luto, e a exultação em Deus foi transformada em total desespero. Oh, quão terrível é o pecado! Quão devastador são seus efeitos! Quão perturbador é para a alma encobri-lo.

Em segundo lugar, *há esperança para aquele que peca quando há uma confissão sincera*. Mas o que é confessar o pecado? É concordar com Deus que houve a transgressão. É não se justificar nem buscar evasivas, apenas para continuar na sua prática. A confissão é a disposição de reconhecer a culpa. É espremer o pus da ferida. É fazer uma assepsia da alma e uma faxina da mente. A confissão deve ser a Deus, uma vez que só Deus pode perdoar

## PREGAÇÃO TRANSFORMADORA

pecados. Nenhum homem, por mais consagrado ou por mais alta posição que ocupe, tem essa autoridade. Quando pecamos contra o próximo, devemos também confessar a ele a nossa transgressão. A Palavra de Deus nos ensina a confessarmos os nossos pecados uns aos outros para sermos curados. A Escritura ainda nos diz que, se confessarmos os nossos pecados, Deus é fiel e justo para nos perdoar os pecados e nos purificar de toda a injustiça. Quando confessamos, Deus perdoa e, quando Deus perdoa, Ele apaga completamente as nossas transgressões e nos torna mais alvos que a neve. Oh, que glorioso perdão podemos receber de Deus! Oh, quão gracioso é o nosso Deus, que nos dá o perdão que não merecemos, e quão misericordioso é Ele, que não aplica em nós o justo juízo que merecemos! Se Deus observasse os nossos pecados, estaríamos consumidos. Mas, porque Ele é perdoador, nisso consiste a nossa esperança!

Em terceiro lugar, *há esperança para aquele que peca quando, depois da confissão do pecado,* há um rompimento com sua prática. O ensino da Palavra de Deus não é arrependimento e novamente arrependimento, mas arrependimento e frutos de arrependimento. Não é confissão e mais confissão do pecado, mas confissão e abandono do pecado. É confessar as transgressões e deixá-las. A confissão e o abandono do pecado implicam o recomeço de uma nova vida. É lembrar de onde se caiu e voltar à prática das primeiras obras. É sair do deserto existencial que o pecado produziu e entrar no jardim de Deus, onde os aromas da graça exalam com exuberância. É sacudir o jugo pesado da tristeza que o pecado produziu e celebrar com vívida alegria a restauração. A promessa segura de Deus é que aquele que confessa e deixa suas transgressões alcança misericórdia. Oh, graça maravilhosa! Oh, Deus perdoador! Oh, esperança bendita! Há esperança para você, há esperança para mim, há esperança para todos nós, pecadores!

# 36

# HÁ PERDÃO
# PARA QUEM CAIU

(Miqueias 7:8)

A queda é um desastre. Machuca. Dói. Deixa marcas. No entanto, é possível levantar-se depois da queda. É possível recomeçar depois de um fracasso. É possível voltar para a luz, mesmo depois de ter morado nas trevas. O texto em destaque é um brado de esperança para aqueles que caíram. O contexto mostra os inimigos de Judá sendo admoestados a não se alegrarem por causa do exílio babilônico. O povo de Deus caiu, mas se ergueria do pó. O povo de Deus habitou na escuridão, mas Deus o trouxe de volta para a Sua luz. À luz da passagem em referência, destacaremos algumas importantes lições:

Em primeiro lugar, *há esperança para aqueles que caíram.* Judá tapou os ouvidos à voz de Deus e recebeu o chicote da disciplina. Não quis andar com Deus e teve de andar na terra da escravidão. Caiu, chorou, sofreu. Suportou a dor do cerco, da invasão do inimigo, da perda da liberdade, da posse da terra e dos privilégios da comunhão com Deus no templo. Mas, quando os inimigos acharam que era o fim do povo de Deus e passaram a escarnecer de Judá, Deus tirou o Seu povo da escravidão e levantou-o. Deus perdoou o Seu povo e restaurou sua sorte. Deus trouxe de volta o remanescente e recomeçou sua história. Não há Deus como o nosso Deus. Ele perdoa pecados. Ele é tardio em irar-se e tem prazer na misericórdia. Ele lança os nossos pecados nas profundezas do mar e se esquece das nossas transgressões.

Em segundo lugar, *há libertação para aqueles que estão cativos.* O povo de Judá foi levado para a Babilônia. Ali viveu setenta anos como súdito de um poderoso império. Eram escravos. Viviam debaixo de pesado jugo. No entanto, Deus libertou o Seu povo. Quebrou seus grilhões. Despedaçou suas correntes. Tornou-o livre. Abriu-lhe a porta da liberdade e deu-lhe a chance

PREGAÇÃO TRANSFORMADORA

de recomeçar. Tirou-o das trevas e o trouxe para a luz de Sua gloriosa presença. Jesus veio para libertar os cativos e trazer libertação aos oprimidos do diabo e do pecado.

Em terceiro lugar, *há perdão para aqueles que pecaram*. O diabo sussurra nos ouvidos do pecador, com voz macia e sedutora, induzindo-o a pecar, tornando o pecado inofensivo e prazeroso. Depois que o homem cai em tentação e peca, o diabo tenta convencê-lo de que não tem jeito, de que a porta do perdão foi para sempre fechada. Contudo, o mesmo Deus que disciplina o faltoso também perdoa e restaura o arrependido. O mesmo Deus que deixa o pecador colher os frutos amargos de suas escolhas insensatas recebe aqueles que se voltam para Ele com o coração quebrantado, oferecendo-lhes pleno perdão e completa restauração. Os pródigos sempre encontrarão os braços do Pai abertos. Os maltrapilhos sempre encontrarão as melhores vestes. Os que se alimentam precariamente de alfarrobas encontrarão os banquetes da graça.

Em quarto lugar, *há confiança inabalável para aqueles que são restaurados por Deus*. Os inimigos que zombam do povo de Deus por causa de sua queda e de sua desdita, e duvidam de sua restauração, ficarão cobertos de vexame ao ver que Deus o levanta do chão e o arranca das trevas. Deus é singular em Seu perdão. Sua graça é maior que os pecados do Seu povo. Sua misericórdia suplanta Sua própria ira. A confiança do povo de Deus é inabalável. Está estribada não em nossos supostos méritos, mas na grandiosa misericórdia daquele que nos amou e nos deu o Seu Filho.

# 37

# INTEGRIDADE INEGOCIÁVEL

(Êxodo 20:15)

O oitavo mandamento da lei de Deus trata da integridade em relação aos bens do próximo. Precisamos respeitar-lhe a vida, a honra e os bens. Quem ama o próximo não atenta contra sua vida. Quem ama o próximo não lhe fere a honra. Quem ama o próximo não lhe saqueia os bens.

Esse mandamento é assaz oportuno e gritantemente necessário, pois a maior crise que atinge o nosso país é a da integridade. O roubo está presente desde o topo da sociedade até suas camadas mais abissais. O país está sendo saqueado por uma horda de ladrões, muitos deles de colarinho branco. Os poderosos armam esquemas ardilosos para assaltar os cofres da nação e se abastecerem das riquezas que deveriam ser distribuídas com justiça, deixando à margem das oportunidades os fracos que não têm voz nem vez. O roubo está presente no palácio e no congresso. Está presente nas cortes e nas universidades. Está presente na indústria e no comércio. Está presente nas ruas e nos templos.

Em seguida, destacaremos algumas frentes nas quais esse momentoso mandamento está sendo quebrado.

Em primeiro lugar, *furta-se sempre que o alheio é apropriado de forma frontal e violenta*. Crescem assombrosamente em nossa nação os assaltos, os sequestros, os arrombamentos e a prática dos larápios que furtivamente subtraem o alheio. Essa forma afrontosa ou sutil de saquear o próximo e ainda atentar contra sua integridade física é uma transgressão incisiva desse mandamento.

Em segundo lugar, *furta-se sempre que os recursos públicos são desviados para abastecer as contas bancárias dos poderosos*. A corrupção endêmica em nosso país

## PREGAÇÃO TRANSFORMADORA

é uma prova insofismável de que a lei de Deus está sendo pisada como lama nas ruas. O erário público é assaltado impiedosamente. As obras públicas superfaturadas para abastecer os interesses rasteiros de políticos e empresários desonestos tiram o pão da boca do faminto e deixam desamparados os pobres. A corrupção é um crime contra a nação, é uma violência social gritante e um atentado contra o próximo.

Em terceiro lugar, *furta-se sempre que na indústria e no comércio se faz propaganda enganosa para os consumidores.* Sempre que a indústria entrega um produto inferior ao prometido e o comércio majora os preços para auferir maiores lucros, o consumidor está sendo lesado. Deus abomina a mentira. Ele reprova balanças enganosas e pesos falsos. Deus não tolera a falta de integridade nas palavras e nas ações. Os ardis forjados para se passar um produto inferior por um preço superior é uma conspiração contra os bens do próximo e uma afronta aos seus direitos.

Em quarto lugar, *furta-se sempre quando no trabalho se retém da empresa algo ao que ela tem direito e sempre que o trabalhador retém da empresa o que não lhe pertence.* O furto não é apenas de coisas, mas também de tempo, empenho e desempenho. Quando um funcionário faz corpo mole em vez de trabalhar com afinco; quando chega sistematicamente atrasado em vez de ser pontual; quando se apropria de objetos e bens da empresa para uso pessoal; em todos esses casos, o oitavo mandamento da lei de Deus está sendo quebrado.

Em quinto lugar, *furta-se sempre que a propriedade privada é invadida, mesmo que tenham como base leis jeitosamente feitas para anular a lei substantiva de Deus.* A propriedade privada é um direito sagrado dado pelo próprio Deus. Invadir a propriedade privada por quaisquer motivos, suplantando o direito do proprietário, é uma quebra do oitavo mandamento. A apropriação indiscriminada de bens alheios e a estatização de bens particulares são uma afronta à lei de Deus e um golpe ao direito do próximo. Que os homens se curvem à lei de Deus, pois ela deve ser a matriz para todas as leis humanas. Só assim teremos uma sociedade ordeira e íntegra.

# 38

# UM CLAMOR
# PELA INTERVENÇÃO DIVINA

(Salmos 119:126)

O salmista olha para o seu tempo e vê que a lei de Deus está sendo violada. O quadro sombrio da transgressão impulsiona-o a clamar por uma intervenção divina. Ainda hoje a lei de Deus continua sendo violada. Senão vejamos:

Em primeiro lugar, *os homens têm se prostrado diante de outros deuses* (Êxodo 20:3). O Deus da redenção (Êxodo 20:1,2) não tolera que outros deuses sejam postos diante dele. Só o Senhor é digno de adoração, pois só Ele é Deus. Adorar outros deuses é trocar a fonte das águas vivas por uma cisterna rota que não retém as águas.

Em segundo lugar, *os homens têm feito imagens de escultura e se prostrado diante delas* (Êxodo 20:4-6). Deus proíbe em sua Palavra tanto o fazer imagens de escultura como adorá-las. Idolatria é um pecado que ofende a Deus e provoca a Sua ira, pois perverte o sentido da verdadeira adoração. Deus é espírito e importa que os Seus adoradores o adorem em espírito e em verdade.

Em terceiro lugar, *os homens têm tomado o nome do Senhor Deus em vão* (Êxodo 20:7). Muitos programas humorísticos e piadas jocosas usam o nome de Deus em vão, fazendo pouco caso de Sua santidade. Conversas indecorosas e xingamentos ofensivos usam o nome de Deus em vão e blasfemam daquele que é superlativamente santo.

Em quarto lugar, *os homens têm deixado de guardar o dia do Senhor* (Êxodo 20:8-11). O sábado foi separado por Deus como o dia de descanso. O mesmo Deus que instituiu o trabalho estabeleceu também o descanso. O descanso tem o propósito de nos levar ao reconhecimento de que tudo vem de Deus e devemos encontrar nosso maior deleite nele. O sábado apontava para o

PREGAÇÃO TRANSFORMADORA

pleno descanso que temos em Cristo. Hoje observamos o dia do Senhor, o dia de Sua gloriosa vitória sobre a morte.

Em quinto lugar, *os homens têm desonrado pai e mãe* (Êxodo 20:12). A desobediência aos pais é um sinal da decadência da sociedade. Honrar pai e mãe é uma atitude esperada em todas as culturas, em todos os tempos. Desonrar pai e mãe, rejeitando sua autoridade, é o mesmo que rejeitar a própria autoridade de Deus. Insurgir-se contra os pais é atentar contra a própria autoridade de Deus delegada a eles.

Em sexto lugar, *os homens têm atentado contra o próximo para tirar-lhe a vida* (Êxodo 20:13). Não temos o direito de tirar a vida do próximo, pois só Deus pode dar a vida e tirá-la. A vida tem sido banalizada. As nossas cidades têm se transformado em campos de sangue. Homens perversos tiram a vida do próximo por motivos fúteis. A terra tem sido encharcada de sangue. A violência campeia nos lares, nas ruas, nas cidades. As guerras sangrentas espalham a violência.

Em sétimo lugar, *os homens têm atacado a santidade do casamento* (Êxodo 20:14). Vivemos no meio de uma geração adúltera e perversa que ataca a honra do próximo. A infidelidade conjugal é uma tragédia. Cresce espantosamente o índice de divórcios motivados pelo adultério. A falta de decoro e pudor é uma marca dessa geração rendida ao prazer imediato.

Em oitavo lugar, *os homens têm desrespeitado a propriedade privada* (Êxodo 20:15). Os homens atacam não apenas a vida e a honra do próximo, mas também seus bens. O furto é uma apropriação indébita. É tomar posse pela força ou furtivamente de algo que não nos pertence. O furto é uma violação do direito de propriedade.

Em nono lugar, *os homens têm conspirado contra o nome do próximo* (Êxodo 20:16). O atentado contra a vida, a honra e os bens, agora, ganha um novo contorno, ou seja, o atentado contra o nome do próximo. O maior patrimônio que um indivíduo tem é o seu nome. Falso testemunho é desconstruir o bom nome de uma pessoa, com falsas acusações.

Em décimo lugar, *os homens têm cobiçado o que não lhes pertence* (Êxodo 20:17). Os nove primeiros mandamentos tratam de transgressões objetivas que podem ser vistas e julgadas por qualquer tribunal humano, mas o décimo mandamento enfatiza o pecado da cobiça, que é subjetivo, e somente Deus pode ver e julgar. Porque a lei de Deus tem sido violada, precisamos, à semelhança do salmista, clamar por uma intervenção divina!

# 39

# JESUS CRISTO, O GRANDE "EU SOU"

### (João 8:56-58)

O evangelho de João prova, de forma cabal, a divindade de Jesus Cristo. Faz isso usando dois expedientes. Primeiro, mostrando que Ele tem os mesmos atributos de Deus Pai e, segundo, provando que Ele realiza as mesmas obras do Pai. Por isso, João seleciona em seu evangelho sete milagres de Cristo e também sete afirmações, nas quais Ele se autoproclama o grande EU SOU. Vejamos:

Em primeiro lugar, *Eu sou o pão da vida* (João 6:35). Jesus é o Pão vivo que desceu do céu, e quem dele se alimenta viverá eternamente. O pão da terra é apenas um símbolo de Jesus, o Pão do céu. Jesus é Aquele que nutre a nossa alma e sustenta o nosso corpo. É por meio dele que vivemos, nos movemos e existimos. Nele temos rica e completa provisão para o tempo e para a eternidade.

Em segundo lugar, *Eu sou a luz do mundo* (João 8:12). Jesus é a verdadeira luz que, vinda ao mundo, ilumina a todo homem. Ele é a luz do mundo porque tem luz própria. Ele não deriva Sua luz de ninguém. Ele é a luz que prevalece sobre as trevas. Aquele que segue a Jesus não tropeça e sabe para onde vai. Como a lua, nós, filhos de Deus, também brilhamos, mas não temos luz própria. Só somos luz do mundo na medida em que refletimos, no mundo, a luz de Cristo. Só Ele tem luz própria. Ele é o Sol da Justiça!

Em terceiro lugar, *Eu sou a porta* (João 10:9). Jesus é a porta da salvação, da libertação e da provisão. Há portas que, quando são atravessadas, os que por ela passam não podem mais voltar. São portas que prendem e conduzem à escravidão. Quem entra pela porta que é Jesus será salvo. Entra e sai. Tem plena liberdade. E ainda encontra pastagens, rica, plena e abundante provisão.

PREGAÇÃO TRANSFORMADORA

Em quarto lugar, *Eu sou o bom pastor* (João 10:11). Jesus é o bom pastor e, como bom pastor, dá a vida pelas ovelhas. Como o bom pastor, Ele morreu pelas Suas ovelhas. Jesus é o grande pastor que vive por elas. Ele está à destra do Pai, como o nosso pastor e sacerdote. Ele apascenta o Seu povo e intercede por ele. Como supremo pastor, Jesus voltará para as Suas ovelhas, trazendo-lhes o seu galardão. A ovelha que tem Jesus como pastor recebe plena provisão. Nada lhe falta.

Em quinto lugar, *Eu sou a ressurreição e a vida* (João 11:25). Jesus disse a Marta em Betânia que Ele é a ressurreição e a vida. Ele esteve nas entranhas da morte, arrancou o aguilhão da morte e matou a morte ao ressuscitar dentre os mortos como as primícias dos que dormem. Aquele que nele crê não morrerá eternamente, mas passou da morte para a vida. Agora a morte não tem mais a última palavra nem é o nosso último endereço. A morte foi vencida. Tragada foi a morte pela vitória!

Em sexto lugar, *Eu sou o caminho, e a verdade, e a vida* (João 14:6). Jesus é o caminho para Deus, por onde devemos andar, a verdade absoluta em que devemos crer e a vida verdadeira que devemos viver. Ele não é um caminho entre muitos. Ele é o único, novo e vivo caminho para Deus. Ele não é uma verdade entre tantas outras. Ele é a única verdade que sacia a nossa mente, aquieta e plenifica a nossa alma. Ele não é uma vida entre outras tantas. Ele é a vida. Ele tem vida em si mesmo e dá vida eterna a todos os que nele creem.

Em sétimo lugar, *Eu sou a videira verdadeira* (João 15:1). Jesus é a videira verdadeira, e nós somos os ramos. Precisamos estar enxertados nele. Dele vem a seiva da vida. Dele vêm os frutos que glorificam a Deus. Nosso propósito nessa união mística com Ele é produzir muitos frutos. Se não estamos produzindo esses frutos, somos podados pela tesoura de Deus, o Viticultor, a fim de produzirmos bons frutos. Assim como um ramo não tem vida em si mesmo fora do tronco, assim também não temos vida à parte de Cristo. Ele é a fonte da vida. Ele é o manancial de onde jorra toda graça para o nosso viver. Jesus é o grande EU SOU, o Deus autossuficiente. Ele é tudo para nós. Nele, o grande EU SOU, temos vida, e vida em abundância!

# 40

# LIÇÕES IMPORTANTES
# DA GENEALOGIA DE JESUS

## (Mateus 1:1-17)

A Bíblia nos apresenta a genealogia de Jesus em duas perspectivas. Mateus apresenta Jesus como descendente de Abraão; Lucas retrocede sua linhagem até Adão. Mateus apresenta Jesus como o Rei dos judeus; Lucas, como o homem perfeito. Marcos e João não tratam da genealogia de Jesus Cristo, por causa do propósito para o qual escreveram. Marcos, escrevendo para os romanos, apresenta Jesus como servo e destaca as suas obras mais que as suas palavras. João, escrevendo um evangelho universal, tem como escopo apresentar Jesus como o Filho de Deus e, como tal, Ele não tem genealogia.

Tanto no registro de Mateus como no de Lucas, vemos na genealogia de Jesus Cristo pessoas más, que se insurgiram contra Deus.

Destacaremos aqui alguns pontos:

Em primeiro lugar, *vemos na genealogia de Jesus Cristo mulheres em cuja vida há marcas reprováveis.* Tamar coabitou com o seu próprio sogro Judá e gerou dele dois filhos gêmeos, Perez e Zera; Raabe era prostituta em Jericó; Rute era moabita, e Bate-Seba, mãe de Salomão, adulterou com Davi. Muito provavelmente, nenhum personagem gostaria de destacar em sua biografia mulheres com esse passado. Mas por que elas estão inseridas na genealogia de Jesus Cristo? Para reforçar a verdade de que o Filho de Deus se identificou com os pecadores a quem veio salvar.

Em segundo lugar, *vemos na genealogia de Jesus homens em cuja vida há marcas de mentira.* Os patriarcas mencionados aqui — Abraão, Isaque e Jacó — tiveram momentos de fraqueza na área da mentira. Eles não só se

PREGAÇÃO TRANSFORMADORA

omitiram, como também esconderam a verdade e inverteram os fatos com medo de sofrerem as consequências de seus atos. Foram fracos e repreensíveis. Isso prova que Deus nos escolhe não pelos nossos méritos, mas apesar dos nossos deméritos.

Em terceiro lugar, *vemos na genealogia de Jesus homens em cuja vida há marcas de violência.* Na lista da genealogia de Jesus, há homens como Davi, cujas mãos estavam cheias de sangue. Roboão governou Judá com truculência. O rei Acaz queimou os próprios filhos, perseguiu seu povo e cerrou ao meio o profeta Isaías. Manassés foi muito violento. Ele encheu Jerusalém de sangue. Foi um monstro. Um tormento para seu próprio povo. Oh, jamais escolheríamos homens dessa estirpe para integrar a nossa família! Oh, a genealogia de Jesus Cristo aponta-nos para a infinita misericórdia de Deus! Ele ama com amor eterno os mais indignos.

Em quarto lugar, *vemos na genealogia de Jesus homens em cuja vida há marcas de idolatria.* Salomão, por causa de suas muitas mulheres, sucumbiu à idolatria. Roboão fez um bezerro de ouro e construiu novos templos em Israel para desviar o povo de Deus. Acaz fechou a casa de Deus e encheu Jerusalém de ídolos abomináveis. Manassés foi astrólogo, idólatra e feiticeiro. Levantou altares pagãos e prostrou-se diante de todo o exército dos céus. Oh, na esteira da genealogia de Jesus Cristo temos pessoas que nos deixam perplexos por causa de sua afrontosa rebeldia a Deus. Isso prova, de forma incontestável, que Deus ama os objetos de Sua ira e enviou Jesus para identificar-se com os pecadores e salvá-los de seus pecados.

Antes, porém, de ficarmos mais chocados com essa assombrosa lista, olhemos para nós mesmos. Somos indignos. Somos pecadores. Somos culpados. O nosso coração é desesperadamente corrupto. Por que Deus nos escolheu? Por que Ele nos amou? Por que Ele não poupou o Seu próprio Filho, antes por todos nós O entregou, para morrer em nosso lugar? A resposta é: Por causa de Sua graça, que é maior do que o nosso pecar!

# 41

# MÃES QUE INFLUENCIARAM A HISTÓRIA

## (1Samuel 1:1-28)

O grande estadista americano Abraão Lincoln disse, com razão, que as mãos que embalam o berço governam o mundo. Peter Marshall, capelão do senado americano, disse que as mães são guardas das fontes. Ninguém exerce tanta influência sobre os filhos como as mães. Mônica orou trinta anos, com lágrimas, por seu filho Agostinho. Ambrósio disse que um filho de tantas lágrimas jamais poderia se perder. Convertido a Cristo, Agostinho tornou-se o maior expoente da igreja. Mesmo tendo vivido há mais de mil e quinhentos anos, sua influência reverbera até os nossos dias. Mulheres piedosas são mães que influenciam a história, pois oram pelos filhos e ensinam a eles as Sagradas Escrituras. Elencamos abaixo algumas mães que, usadas por Deus, influenciaram a história:

Em primeiro lugar, *Joquebede, a mãe que não aceitou passivamente a morte do filho.* Quando Moisés nasceu, já estava sentenciado à morte. A pena capital vinha da autoridade máxima do então maior império do mundo. O poder cruel do Faraó era irresistível. A máquina de morte desse déspota era avassaladora. Contudo, a coragem de uma mãe resistiu ao Império Egípcio. Joquebede não desistiu de seu filho. Com coragem indômita e fé inabalável em Deus, salvou seu filho da morte e preparou-o para ser o libertador do seu povo.

Em segundo lugar, *Ana, a mãe que não desistiu de gerar um filho para depois consagrá-lo à obra de Deus.* Ana era estéril e ainda humilhada pela sua rival. Seu cálice diário transbordava das lágrimas que jorravam de seu coração partido de dor. Suas orações subiam aos céus, enquanto seus joelhos se dobravam na terra. Deus ouviu seu clamor, abriu sua madre, e ela concebeu

PREGAÇÃO TRANSFORMADORA

e deu à luz Samuel, o homem que trouxe de volta a nação apóstata para a presença de Deus. Ana não desistiu de ser mãe. Ela ousou consagrar o filho a Deus.

Em terceiro lugar, *Abigail, a mãe que salvou seus filhos de um massacre*. Abigail era casada com Nabal, um homem duro no trato, com quem ninguém podia falar. O marido era rico e louco. Tinha muitos bens, mas usava-os apenas para si. Embora não fosse rei, dava banquetes como se rei fosse, deixando-se dominar pela embriaguez. Davi e seus homens, sentindo-se injustiçados por esse filho de Belial, decidiram eliminá-lo com toda a sua casa. Abigail, com pressa e prudência, saiu ao encontro de Davi e interrompeu sua marcha furiosa. Ela conseguiu abrandar o coração do rei e impedir que o massacre fosse decretado sobre seus filhos. Ela encontrou graça diante de Davi e salvou sua casa da morte.

Em terceiro lugar, *Maria, a jovem que se pôs nas mãos de Deus para ser a mãe do Salvador*. Maria era noiva de José quando o anjo Gabriel comunicou-lhe que ela seria a mãe de Jesus, o Salvador. Ao perguntar como seria isso, o anjo explicou que desceria sobre ela a sombra do Altíssimo, ela conceberia por obra do Espírito Santo, e seu filho seria chamado Filho de Deus. Mesmo sabendo dos sérios riscos que enfrentaria, pôs-se à disposição de Deus, para fazer a Sua vontade. Encontrando graça aos olhos de Deus e sendo bem-aventurada entre as mulheres, Maria carregou em seu ventre o Filho do Altíssimo e amamentou o Criador do universo.

Em quarto lugar, *Eunice, a mãe que ensinou a seu filho as sagradas letras*. Eunice, auxiliada por sua mãe, Loide, dedicou-se a ensinar as sagradas letras a Timóteo, desde sua infância. Esse menino, vendo uma fé sem fingimento em sua genetriz e em sua avó, mais tarde é transformado no maior cooperador do apóstolo Paulo. Embora jovem, tímido e doente, tornou-se um grande líder da igreja cristã, a despeito de toda a amarga perseguição que se abateu sobre ela.

Que Deus nos dê mães dessa envergadura, que ousem gerar filhos para a glória de Deus e perseverança para orar por eles até que sejam colocados como coroas de glória nas mãos do Senhor.

# 42

# MOTIVOS ELOQUENTES PARA EXALTARMOS O NOSSO DEUS E PAI

## (Efésios 1:3,4; 2Coríntios 1:3,4; 1Pedro 1:3,4)

Há no Novo Testamento três expressões semelhantes de doxologia a Deus Pai, nas quais Ele é exaltado (Efésios 1:3,4; 2Coríntios 1:3,4; 1Pedro 1:3,4). Essas três passagens falam sobre as bênçãos passadas, presentes e futuras a nós concedidas.

Em primeiro lugar, *Deus Pai deve ser exaltado pelas Suas bênçãos passadas* (Efésios 1:3,4). *Bendito o Deus e Pai de nosso Senhor Jesus Cristo, que nos tem abençoado com toda sorte de bênção espiritual nas regiões celestiais em Cristo, assim como nos escolheu, nele, antes da fundação do mundo, para sermos santos e irrepreensíveis perante ele.* Paulo olha para o passado e diz que Deus já nos abençoou com toda sorte de bênção espiritual em Cristo. Essa bênção não é algo que devemos rogar no presente nem aguardar no futuro, mas uma realidade a ser desfrutada permanentemente, uma vez que ela já nos foi dada. E que bênção é essa? A soberana escolha divina! Deus nos escolheu em Cristo, antes da fundação do mundo, para sermos santos e irrepreensíveis. Deus nos adotou em Sua família. Agora, todo aquele que crê em Jesus recebe o poder de ser feito filho de Deus e torna-se imediatamente herdeiro de Deus. Oh, que bênção preciosa! Oh, que graça maravilhosa! Que brotem do nosso coração torrentes de louvor ao Deus bendito e que jorrem da nossa alma rios de gratidão por tão grande salvação.

Em segundo lugar, *Deus Pai deve ser exaltado pelas Suas bênçãos presentes* (2Coríntios 1:3,4). *Bendito seja o Deus e Pai de nosso Senhor Jesus Cristo, o Pai de misericórdias e Deus de toda consolação! É ele que nos conforta em toda a nossa tribulação, para podermos consolar os que estiverem em qualquer angústia, com a consolação com que nós mesmos somos contemplados por Deus.* Paulo volta os olhos para a ação de

PREGAÇÃO TRANSFORMADORA

Deus no presente e exalta a Deus por quem Ele é: Ele é o Pai de misericórdias e Deus de toda consolação. O apóstolo bendiz a Deus pelo que Deus faz em nós: Ele é quem nos conforta em toda a nossa tribulação. Ele glorifica a Deus pelo que Deus faz através de nós: Somos consolados para consolar os angustiados. Ele enaltece a Deus pelo Seu propósito sábio em trabalhar em nós por meio das providências difíceis, pois, ao sermos atribulados e consolados, consolamos os outros com as mesmas consolações com que somos contemplados por Deus. Com isso, Paulo está dizendo que não existe acaso em nossa vida. Deus não desperdiça sofrimento na vida de Seus filhos. Somos atribulados para sabermos o que significam as pressões da vida. Somos atribulados para entendermos que não temos forças para resistir a essas provas por nós mesmos. Somos confortados para entendermos que Deus jamais nos desampara nos vales da vida. Somos provados e aprovados para sermos ferramentas úteis nas mãos de Deus cujo objetivo é socorrer os aflitos que encontrarmos pelo caminho. Oh, Deus bendito, que não desampara o Seu povo! Oh, Deus sábio, que usa vasos frágeis como nós para realizar a Sua obra!

Em terceiro lugar, *Deus Pai deve ser exaltado pelas Suas bênçãos futuras* (1Pedro 1:3,4). *Bendito o Deus e Pai de nosso Senhor Jesus Cristo, que, segundo a sua muita misericórdia, nos regenerou para uma viva esperança, mediante a ressurreição de Jesus Cristo dentre os mortos, para uma herança incorruptível, sem mácula, imarcescível, reservada nos céus para vós outros.* O apóstolo Pedro volta seus olhos para o futuro e glorifica a Deus porque Ele nos regenerou para uma viva esperança. Essa esperança não é vaga, pois está ancorada na ressurreição de Jesus. Olhamos para o futuro e temos a garantia de que a morte não tem a palavra final. Olhamos para o alto e temos a certeza de uma herança incorruptível, sem mácula e imarcescível. Essa herança não está aqui, mas reservada no céu. Lá está a casa do Pai. Lá está a nossa herança. Lá está a nossa pátria. Não caminhamos para um entardecer sombrio, mas para a glória refulgente. Aqui podemos amargar pobreza e escassez, mas no céu temos uma herança muito linda. Aqui podemos gemer e chorar num corpo frágil, surrado pela dor, mas no céu teremos um corpo imortal, incorruptível, glorioso, poderoso e celestial. Aqui, como peregrinos, armamos esta tenda frágil, que se desfará, mas, quando esta casa se desfizer, teremos da parte de Deus uma mansão, feita não por mãos, eterna no céu. Oh, esperança bendita! Oh, glória eterna! Oh, bendito seja o nosso Deus e Pai!

# 43

# NÃO FALE MAL DO SEU PRÓXIMO

(Êxodo 20:16)

O nono mandamento da lei de Deus trata do nosso compromisso com a verdade. A segunda tábua da lei, com respeito ao amor ao próximo, estabelece o dever de honrar pai e mãe, respeitar a vida, a honra, os bens, o nome e a casa do próximo. O mandamento em questão enseja-nos algumas lições, que passamos a destacar:

Em primeiro lugar, *o falso testemunho é uma inversão da verdade*. O falso testemunho não é apenas uma negação da verdade, mas uma inversão dela. Não é apenas calar-se quando as palavras são necessárias, mas abrir a boca para falsear a verdade, com o propósito de desconstruir a imagem daquele que deveria ser alvo do nosso amor. O falso testemunho é usar um dom precioso, o dom da palavra, para arruinar em vez de edificar; para entenebrecer o entendimento em vez de lançar luz nas trevas. O falso testemunho é uma mentira que tenta se travestir de verdade no tribunal, com o fim de enganar a opinião pública. O falso testemunho é uma conspiração contra Deus, contra a lei e contra o próximo.

Em segundo lugar, *o falso testemunho é um atentado contra o nome do próximo*. O falso testemunho é doloso, pois, como flecha venenosa, fere o próximo e impõe-lhe o maior dos sofrimentos, a mácula de sua honra; e o maior dos prejuízos, a perda de seu nome. Se o bom nome vale mais do que riquezas, ter o nome enlameado por um falso testemunho é perder aquilo que é mais valioso que os mais cobiçados tesouros. O nome de um homem é sua história, sua honra e seu principal patrimônio. Mais importante que troféus e coroas é o nome. Mais importante que ouro e prata é o nome. Mais importante que a própria vida é o nome. Logo, conspirar contra o nome de alguém

## PREGAÇÃO TRANSFORMADORA

é impor-lhe algo pior que a própria morte. A quebra do nono mandamento é uma ofensa pessoal, um desatino social e uma subversão da ordem moral.

Em terceiro lugar, *o falso testemunho é uma negação do amor que se deve ao próximo*. O próximo deve ser amado e protegido; não atacado e ferido. O próximo deve ser alvo do mais intenso cuidado e afeto; não o fulcro da mais horrenda hostilidade. O próximo deve ser elogiado e abençoado; não vilipendiado com palavras mentirosas e tendenciosas. Amar a Deus e ao próximo é o maior mandamento e o cumprimento da lei. Falar mal do próximo é atentar contra Deus, o criador e legislador. Falar mal do próximo é negar a ele o amor e flagelá-lo com o azorrague da língua. O falso testemunho é um pecado consciente e deliberado. As motivações que levam o homem a transgredir esse mandamento podem ser a inveja ou o ódio. Ambas são motivações rasteiras e subterrâneas. Ambas diagnosticam mais os defeitos morais de quem fala do que os supostos defeitos de quem é falado. O falso testemunho, portanto, mais do que macular a honra de quem é o alvo da denúncia falsa, macula o denunciador.

Em quarto lugar, *o falso testemunho produz estragos irreparáveis*. O falso testemunho é um pecado perverso contra o próximo, pois palavras caluniosas são como flechas lançadas que não voltam mais. São como um saco de penas espalhadas do alto de uma montanha que não podem mais ser recolhidas. Essa dívida nunca pode ser totalmente quitada. Esse mal nunca pode ser completamente reparado. As feridas causadas nunca podem ser completamente fechadas. Ainda que sejam curadas, ficam as cicatrizes. Oh, quão terrível é o falso testemunho! Quão desastrosos são os seus efeitos! Quantas vidas enlameadas! Quantas lágrimas vertidas! Quantos gemidos pungentes! Quantos nomes destruídos! Quantas injustiças sofridas! Que Deus nos livre desse pecado! Que Deus nos ajude a amar o próximo e falar bem dele em vez de destruí-lo com a língua!

# 44

# NÃO SOMOS MAIS ESCRAVOS, POIS O REINADO DO PECADO ACABOU!

### (Romanos 6:1-14)

Uma das ênfases mais importantes da Reforma do século 16 é que temos em Cristo plena libertação. Fomos libertos da condenação do pecado na justificação. Estamos sendo libertos do poder do pecado na santificação. E seremos libertos da presença do pecado na glorificação.

Trataremos aqui deste magno assunto, à luz de Romanos 6:1-14. Todo aquele que pratica o pecado é escravo do pecado. O pecado é um rei que governa a vida de todo aquele que ainda não nasceu de novo. O homem não regenerado é um servo desse tirano. O pecado é um rei cruel, que coloca seus súditos debaixo de suas botas sujas. O homem nasce escravo desse carrasco impiedoso. Vive debaixo de sua ditadura implacável. Nenhum escravo pode libertar a si mesmo dessa escravidão.

Deus, porém, por meio de Cristo, nos libertou do poder do pecado (Romanos 6:1-5). Onde o pecado abundou, superabundou a graça. A graça é maior do que o nosso pecado; no entanto, ela não é um incentivo ao pecado. Ao contrário, não podemos viver no pecado, nós os que para ele já morremos. Estamos unidos com Cristo em Sua morte, em Seu sepultamento e em Sua ressurreição. Morremos com Ele, fomos sepultados com Ele e ressuscitamos com Ele. Estamos nele. Essa união com Cristo destronou o pecado em nossa vida. Esse rei tirano perdeu seu poder sobre nós. Agora, somos livres do pecado; não mais escravos dele. O apóstolo Paulo usa três argumentos para nos levar a essa gloriosa conclusão:

Em primeiro lugar, *nós devemos saber* (Romanos 6:6-10). O que nós devemos saber? Devemos saber que o nosso velho homem já foi crucificado com

PREGAÇÃO TRANSFORMADORA

Cristo. Fomos sepultados com Ele e ressuscitamos com Ele para uma nova vida. Portanto, não precisamos mais servir ao pecado como escravos. O pecado não é mais o nosso patrão. Sua coroa foi tirada. Ele não é mais o nosso rei. Não precisamos mais nos ajoelhar a seus pés para obedecer às suas ordens. Fomos libertos dessa escravidão. O pecado foi destronado da nossa vida. Outrora, sob a lei, o pecado nos dominava, mas agora, sob a graça, somos livres!

Em segundo lugar, *nós devemos considerar* (Romanos 6:11). Aquele que morreu com Cristo deve se considerar morto para o pecado. Deve andar com a certidão de óbito no bolso. Um morto não obedece ao pecado, o seu antigo rei. Foi liberto do jugo. Assim, devemos nos considerar mortos para esse rei tirano. Seu governo cruel sobre nós acabou. Seu domínio opressor chegou ao fim. Não estamos mais com uma coleira no pescoço. O pecado não manda mais em nós. Agora, devemos nos considerar vivos para Deus. Temos um novo rei. Somos servos da justiça. Fomos libertos da casa do valente, do império das trevas, da tirania do diabo, do reinado do pecado. Estamos sob as ordens de um novo Senhor: Aquele que morreu por nós e ressuscitou para nos libertar da escravidão do pecado.

Em terceiro lugar, *nós devemos oferecer* (Romanos 6:12-14). Quando sabemos que fomos crucificados, sepultados e ressuscitados com Cristo; quando nos consideramos mortos para o pecado, então podemos dizer ao pecado: Agora você não reina mais sobre nós. Agora não obedecemos mais às paixões carnais. Agora não oferecemos mais os membros do nosso corpo ao pecado, como instrumentos de iniquidade. Pelo contrário, agora oferecemos a nós mesmos a Deus, como ressurretos dentre os mortos, e os nossos membros a Deus como instrumentos de justiça. Não estamos mais debaixo da lei, mas vivemos no reinado da graça. O poder da nova vida não vem mais do nosso inútil esforço, mas, sim, de Cristo. Morremos com Ele e ressuscitamos com Ele. Vivemos nele. Dele nos vem o poder para uma nova vida. Ele é o nosso libertador. Foi Ele que quebrou o poder do pecado em nós. Foi Ele que arrancou a coroa do pecado e destronou-o da nossa vida. Ele é o nosso Rei, e o Seu reino é o reino da graça. Agora, somos livres; verdadeiramente livres. Nele temos vida, e vida em abundância. Outrora, vivíamos debaixo de amarga escravidão, rendidos ao pecado. Agora, livremente oferecemo-nos a Deus. Outrora, caminhávamos com uma coleira no pescoço, para a condenação eterna. Agora, cheios de contentamento e alegria, marchamos para o céu!

# 45

# NÓS SOMOS
# A MORADA DE DEUS

## (Êxodo 25:8)

O Deus transcendente, que nem o céu dos céus pode contê-lo, decidiu vir morar com o Seu povo. Moisés é ordenado a fazer um tabernáculo, e nesse tabernáculo a presença manifesta de Deus seria notória no meio do povo. Mais tarde, o tabernáculo móvel foi substituído pelo templo de Jerusalém e, mais uma vez, a presença de Deus encheu aquela casa. Na plenitude dos tempos, o próprio Filho de Deus desceu e se tornou carne. Ele habitou entre nós, cheio de graça e de verdade, e vimos a sua glória, glória como do Unigênito do Pai. O Filho de Deus viveu entre nós, morreu por nós, ressuscitou para a nossa justificação e retornou ao céu vitoriosamente. Então, enviou o Espírito Santo, o outro Consolador, para estar para sempre conosco, habitando em nós. O nosso corpo, frágil vaso de barro, é o santo dos santos, onde o Espírito Santo habita. Somos a morada de Deus!

Que implicações tem essa verdade magna?

Em primeiro lugar, *o nosso corpo é sagrado* (1Coríntios 3:17). O nosso corpo, embora frágil e mortal, é a habitação do Espírito Santo. Porque ele é a morada de Deus, é sagrado. Profaná-lo, portanto, é uma desonra para Aquele que nele habita. Destruí-lo é afrontar Aquele que tem o poder para dar a vida e tirá-la. A sacralidade do nosso corpo não está em sua essência, mas em sua utilidade. Ele é sagrado porque Aquele que é Santo, Santo, Santo nele habita.

Em segundo lugar, *o nosso corpo é membro de Cristo* (1Coríntios 6:15). Sendo o nosso corpo membro de Cristo, não podemos fazer dele membro de uma meretriz. Isso é profanar o santo nome do nosso Salvador e macular

## PREGAÇÃO TRANSFORMADORA

Sua honra bendita. Precisamos ter plena consciência de quem somos, a quem estamos unidos e quem é que habita em nós. O nosso corpo não está a serviço do pecado. O nosso corpo não existe para atender às seduções do mundo. O nosso corpo é membro de Cristo e está a serviço dele.

Em terceiro lugar, *o nosso corpo é o santo dos santos onde a glória de Deus assiste* (1Coríntios 3:16). A palavra "santuário" no texto em referência, onde o Espírito de Deus habita, não é o templo, mas o santo dos santos, o lugar mais sagrado do templo, onde estava a arca da aliança e onde a glória de Deus se manifestava em seu fulgor. A arca era um símbolo de Cristo, e Cristo está em nós. Ele habita em nosso coração. E tem as chaves de toda a nossa vida.

Em quarto lugar, *o nosso corpo não nos pertence* (1Coríntios 6:19). Aqueles que são morada de Deus não pertencem mais a si mesmos. Eles foram criados por Deus, remidos por Cristo e selados pelo Espírito Santo para serem propriedade exclusiva de Deus. Não podem mais usar o corpo para a impureza. Não podem profanar com imoralidade a santa habitação de Deus. Não podem se render aos vícios deletérios. Não podem destruir o corpo com práticas invasivas e perniciosas, subjugando-o à escravidão do pecado.

Em quinto lugar, *o nosso corpo foi comprado por alto preço* (1Coríntios 6:20a). O nosso corpo é de Deus, porque Ele o criou e porque Ele o comprou por alto preço, o preço de sangue, o sangue do seu Filho. Fomos resgatados do nosso fútil procedimento. Embora pecadores e sujeitos à morte, Deus investiu tudo em nós. Ele nos comprou não com coisas perecíveis como o ouro ou a prata, mas com o sangue precioso de Jesus. Somos de Deus. Duplamente dele! Ele tem direito sobre nós tanto de criação como de redenção!

Em sexto lugar, *devemos glorificar a Deus no nosso corpo* (1Coríntios 6:20b). Em vez de unir o nosso corpo à impureza para profaná-lo ou em vez de destruir o nosso corpo capitulando-nos aos vícios degradantes, devemos glorificar a Deus com o nosso corpo, vivendo de forma justa, sensata e piedosa neste mundo.

# 46

# NÓS SOMOS UM CORPO, O CORPO DE CRISTO

### (1Coríntios 12:12-31)

O apóstolo Paulo, em sua primeira carta aos Coríntios, evoca uma das principais figuras da igreja para ensinar que não devemos lutar uns contra os outros, mas servir uns aos outros. Somos um corpo com diferentes membros, e cada membro trabalha para servir ao corpo. Três verdades são destacadas pelo veterano apóstolo:

Em primeiro lugar, *a unidade do corpo* (1Coríntios 12:12,13). A igreja é o corpo de Cristo. Só existe uma igreja, um corpo, um rebanho, uma noiva. Todos aqueles que foram predestinados, chamados, justificados e glorificados fazem parte desse corpo. Exatamente quando cremos em Cristo, somos batizados pelo Espírito nesse corpo. Passamos, então, a fazer parte da família de Deus. Tornamo-nos membros da igreja do Deus vivo. Tornamo-nos filhos de Deus e ovelhas do Seu pastoreio. Somos introduzidos nesse corpo místico e dele jamais seremos desligados. A igreja visível possui muitas denominações, com várias peculiaridades distintas. Temos diferenças de sistema de governo. Temos formas diferentes de administrar os sacramentos ou ordenanças. Temos formas diferentes de interpretar determinadas passagens das Escrituras. Mas, se cremos na Trindade; se cremos que Jesus é o nosso único Salvador e Senhor; se temos as Escrituras como nossa única regra de fé e prática; se cremos na salvação pela graça mediante a fé; se cremos que Jesus voltará em glória para julgar os vivos e os mortos — se cremos em tudo isso, então fazemos parte da verdadeira igreja, da única igreja, do corpo de Cristo. Não importa a cor da nossa pele, a nossa condição social ou mesmo a nossa denominação. Se estamos em Cristo, somos um.

PREGAÇÃO TRANSFORMADORA

Em segundo lugar, *a diversidade dos membros do corpo* (1Coríntios 12:14-23). O corpo é um só, mas possui muitos membros. Os membros são diversos, mas todos pertencem ao mesmo corpo. É Deus quem dispôs os membros no corpo como Lhe aprouve. Por isso, no corpo não pode existir competição. Não há espaço no corpo para complexo de superioridade. Os olhos não podem dizer às mãos: Não preciso de vocês. Também no corpo não pode existir complexo de inferioridade. Os pés não podem dizer aos olhos: Por que não sou olho, pé eu não quero ser. Cada membro tem sua função no corpo e deve desempenhá-la para a edificação do corpo. É impensável um membro do corpo atacar outro. Seria evidência de insanidade um membro do corpo deixar de servir a outro membro ou mesmo feri-lo. A diversidade dos membros não é uma negação da unidade do corpo, mas uma prova incontestável de sua funcionalidade e beleza.

Em terceiro lugar, *a mutualidade no corpo* (1Coríntios 12:24-31). Os membros estão no corpo não para competirem uns com os outros, mas para servirem uns aos outros. Cada um é designado por Deus para uma atividade peculiar. Deixar de cumprir o seu papel significa prejudicar todo o corpo. Nenhum membro do corpo é autossuficiente. Precisamos servir uns aos outros. Precisamos suprir as necessidades uns dos outros. Nenhum crente possui todos os dons espirituais. O que nos falta é suprido por outro membro do corpo, e o que falta ao outro membro do corpo deve ser suprido por nós. Essa mutualidade traz comunhão na igreja na terra e promove a glória de Deus no céu. Esse cuidado recíproco no corpo e esse amor prático na igreja demonstram ao mundo a eficácia do evangelho. O amor, dessa forma, é a apologética final, a prova mais eloquente de que somos discípulos de Jesus. Agindo assim, o mundo crerá que Deus enviou Jesus. Então, haverá a salvação dos perdidos, a edificação dos salvos e a glorificação do nome de Deus.

# 47

# O CLAMOR
# DO AFLITO

### (Salmos 119:107)

A aflição é inevitável. Chega para todos, sem exceção. A vida não se desenrola num parque de diversões. Aqui navegamos por mares revoltos e atravessamos desertos inóspitos. Pessoas e circunstâncias tiram-nos a alegria. Preocupações e ansiedade roubam-nos as nossas forças. Pecados e transgressões estrangulam-nos a nossa paz. Enfermidades e limitações financeiras roubam-nos o nosso sono. Muitas são as causas das nossas aflições. Variadas são as consequências delas. O texto em apreço apresenta-nos quatro lições oportunas:

Em primeiro lugar, *uma confissão*: — *Estou aflitíssimo...* O salmista descreve sua aflição em grau superlativo. Sua aflição chegou ao nível máximo. Essa aflição vaza por todos os poros. Sua mente é açoitada pelo chicote dessa dor indescritível. Seu corpo é surrado pelos efeitos dessa angústia. Sua alma é atormentada, sem pausa, por essa tristeza que o encurrala por todos os lados. Temores internos e ameaças externas agravam sua crise. As dores do passado e o medo do futuro lançam sombras sobre sua vida. O presente o deixa atordoado. Não encontra nos recursos dos homens nenhum lenitivo. Saúde, dinheiro e prazeres não podem aplacar a sua dor emocional. Aventuras e conquistas não podem serenar os vendavais de sua alma. Está muito aflito, aflitíssimo!

Em segundo lugar, *uma súplica*: — *... vivifica-me...* Em face de tal aflição, o salmista clama por vivificação. A tristeza nos abate a ponto de secar a nossa alma. A aflição profunda transforma os cenários verdejantes do nosso coração num deserto cheio de cactos. Onde havia júbilo, a aflição traz a sinfonia dos gemidos. Onde havia brados de vitória, a aflição chega com

## PREGAÇÃO TRANSFORMADORA

sua bagagem cheia de derrotas amargas. Onde havia os raios fúlgidos da esperança, a aflição traz as nuvens escuras do desespero. Nessas horas, precisamos clamar aos céus para que nossa sorte seja restaurada. Precisamos de renovo, de restauração, de vivificação.

Em terceiro lugar, *um consolador*: — ... Senhor... A aflição pode vir de diversas fontes, mas a vivificação só pode vir do Senhor. Só Ele tem poder para enxugar-nos as lágrimas, acalmar-nos o coração e curar as feridas da nossa alma. Só Ele tem poder para perdoar-nos os pecados, quebrar os grilhões que nos oprimem e arrancar da nossa alma a dor que nos aflige. Só o Senhor pode curar o enfermo, dar paz ao aflito e salvar o perdido. Quando descemos às profundezas da nossa aflição, somente Deus pode estender-nos a mão e tirar-nos desse poço escuro. Ele é poderoso para transformar os desertos secos em mananciais; os vales escuros, em horizontes ensolarados; os dramas pessoais e familiares, em motivos sobejos de louvor. O Senhor é o nosso Consolador. Para Ele não tem causa perdida nem problema insolúvel. Dele vem a nossa cura. De Suas mãos procede a nossa restauração.

Em quarto lugar, *um instrumento*. — ... *segundo a tua palavra*. Deus opera maravilhas em nossa vida segundo a Sua palavra. Ele chama-nos ao arrependimento pela voz poderosa da Sua palavra. Ele transforma-nos pelo poder da Sua palavra. Ele instrui-nos na verdade segundo a Sua palavra. Ele guia-nos pelas veredas da justiça pela luz da Sua palavra. É pela palavra que nascemos. É pela palavra que crescemos. É pela palavra que atingimos a maturidade. Pela palavra, Deus nos salva e nos reveste de poder. Pela palavra, Deus nos consola e faz de nós instrumentos de consolação. Pela palavra, Deus enche a nossa alma de alegria e vivifica o nosso coração.

# 48

# O CONSOLO
# DE DEUS

(2Coríntios 1:3,4)

A vida não é um mar de rosas. Não vivemos numa estufa, protegidos das intempéries da vida. Este mundo não é uma colônia de férias nem um parque de diversões. Aqui cruzamos desertos áridos, atravessamos pântanos lodacentos e navegamos por mares encapelados. A vida não é indolor. Enquanto caminhamos entre o berço e a sepultura, gememos, choramos e sangramos.

O texto em apreço, entretanto, acende um facho de luz em nosso caminho e abre-nos uma fonte de consolo. Três verdades são aqui destacadas:

Em primeiro lugar, *Deus é poderoso para nos consolar em todas as circunstâncias da vida*. O Senhor é o Pai de misericórdias e Deus de toda consolação. É de Sua natureza inclinar o coração para a nossa miséria. É de Seu agrado refrigerar a nossa alma nos tempos de angústia. Deus é a fonte de todo consolo. Dele vem a nossa esperança. Ele é o nosso alto refúgio. Quando estamos tristes, Ele derrama sobre nós o óleo da alegria. Quando a nossa alma está coberta com os trapos da tristeza, Ele nos cobre com vestes de louvor. Quando somos surrados pela dor, Ele traz sobre nós o lenitivo do Seu consolo. Quando a vida nos esmaga sob o rolo compressor de circunstâncias adversas e de sentimentos avassaladores, Deus vem e toma-nos nos braços, afaga-nos no peito e oferece-nos conforto. Não há tribulação tão grande que Deus não possa consolar. Não há problema tão grande que Deus não possa resolver. Quando nos voltamos para Deus, reconhecemos que para Ele não tem causa perdida, vida irrecuperável ou beco sem saída.

## PREGAÇÃO TRANSFORMADORA

Em segundo lugar, *nós somos equipados por Deus para consolar outros em qualquer angústia*. O consolo divino não faz de nós um reservatório fechado, mas um canal de Sua consolação para outros que estejam passando por qualquer angústia. O consolo de Deus não se encerra em nós. Vai além e se derrama sobre aqueles que caminham arquejantes e aflitos pela vida. Só aqueles que foram consolados tornam-se consoladores eficazes. Só aqueles que receberam o bálsamo do céu repartem essa doce consolação com outros. Essa verdade sublime prova que na vida não existe acaso. Deus trabalha não contra nós, mas por nós, em nós e através de nós. Mesmo que a providência seja carrancuda e produza em nós profundas feridas, essas feridas se tornarão instrumentos de consolo para outros. As dores que suportamos se converterão em alívio para os aflitos. As provas pelas quais passamos servirão de alento para os que estão sendo provados. A vontade de Deus nunca nos levará aonde a Sua graça não possa nos sustentar e nos usar.

Em terceiro lugar, *a consolação que recebemos de Deus é a mesma que repartimos com os aflitos*. Como barro nas mãos do oleiro, somos moldados por Deus para sermos vasos úteis em Suas mãos. Deus nos consola para sermos consoladores. Deus nos dá experiências, às vezes amargas, para não sermos meros teóricos da fé. Deus nos permite passar por provações para termos plena consciência de que, assim como Ele nos livrou, poderá livrar também aqueles que estão sendo provados. Consolamos com as mesmas consolações com que fomos contemplados por Deus. Repartimos o que recebemos. O Deus Consolador refrigera a nossa alma e transforma-nos em consoladores. O rio caudaloso da consolação divina passa por nós e vai adiante, distribuindo suas águas benfazejas aos angustiados. Em tempo de tanta dor, é necessário conhecer o Pai de misericórdias e Deus de toda consolação. Em tempo de tanta aflição, é hora de receber o consolo divino e reparti-lo para que a cura que nos alcançou vá além e alcance muitos outros!

# 49

# O CORDÃO
# DE TRÊS DOBRAS

(Eclesiastes 4:9-12)

Salomão está concluindo sua argumentação sobre a importância da relação conjugal como uma sociedade de apoio e proteção mútua, chegando, agora, ao apogeu de seu pensamento, ao dizer: *o cordão de três dobras não se rebenta com facilidade*. Não basta ao casal cuidar, proteger e encorajar um ao outro. O casamento não é apenas um relacionamento entre um homem e uma mulher. Essa relação precisa envolver uma terceira pessoa. Aquele que instituiu o casamento e o abençoa precisa ser o fundamento dessa relação. Daí Salomão falar sobre o cordão de três dobras. Quais são essas dobras que formam o cordão que não arrebenta com facilidade?

Em primeiro lugar, *o marido é a primeira dobra do cordão*. O homem deve assumir o papel de deixar pai e mãe para unir-se à sua mulher. Seu amor por ela deve ser perseverante, abnegado, santificador e romântico. Deve dispor-se a amá-la a ponto de dar sua vida por ela. Deve tratá-la com honra, considerando-a o vaso mais frágil. O marido deve viver a vida comum do lar, cuidando de sua mulher física, emocional e espiritualmente. O marido deve liderar sua mulher, santificando-a pela palavra, servindo-lhe de exemplo. O marido deve servir à esposa em vez de servir-se dela. Deve protegê-la em vez de fazer dela um escudo. Deve ser o sacerdote do lar em vez de delegar a ela a liderança espiritual da família. O marido deve amar sua mulher como Cristo amou a igreja e entregou-se por ela. O marido representa a primeira dobra desse cordão resistente.

Em segundo lugar, *a esposa é a segunda dobra do cordão*. A mulher deve assumir o papel de amar seu marido e sujeitar-se a ele, no Senhor. Longe de desafiar sua liderança, deve apoiar o marido como cabeça do lar. Com

## PREGAÇÃO TRANSFORMADORA

sabedoria, deve edificar sua casa, fazendo o bem a seu marido, todos os dias de sua vida. Deve ser amiga, conselheira e intercessora, apoiando o marido na condução espiritual do lar. Como a igreja está sujeita a Cristo, assim a mulher deve sujeitar-se a seu marido. Agindo dessa forma, ela anima o marido, fortalece seu casamento e abençoa sua família. Está acima de qualquer dúvida que o homem e a mulher têm o mesmo valor aos olhos de Deus. Foram criados com o mesmo valor e são resgatados da mesma maneira. Contudo, no casamento eles têm papéis diferentes. O homem não pode tratar a esposa com dureza, nem a esposa deve resistir à liderança de seu marido. O homem não pode ser rude no trato, nem a mulher deve ser ranzinza nas atitudes. Ambos precisam cuidar um do outro, uma vez que são parceiros; não competidores.

Em terceiro lugar, *Deus é a terceira dobra do cordão*. Deus não apenas instituiu o casamento, mas é o alicerce da família. Se o Senhor não edificar a casa, em vão trabalham os que a edificam. Quando marido e mulher estribam sua relação apenas sobre os sentimentos, constroem a casa sobre a areia. Essa relação não suporta as tempestades da vida. O casamento precisa ser como uma casa construída sobre a rocha. Essa casa pode ser açoitada pela chuva torrencial que cai no telhado, pode ser atingida pela fúria dos ventos que batem nas paredes e pode ser atacada pela violência dos rios que açoitam o alicerce, mas essa casa ainda ficará de pé. Esse é o casamento edificado sobre o próprio Deus. Sem essa terceira dobra do cordão, ele se romperá com as tensões da vida. Sem a presença de Deus no casamento, marido e mulher não conseguem suportar as crises que desabam sobre a família. A maior necessidade, portanto, dos casais não é de uma casa maior nem de mais conforto, mas da presença, da direção e da proteção de Deus. É do cordão de três dobras que não se rebenta com facilidade.

# 50

# QUANDO DEUS SE ALEGRA COM O SEU POVO

(Sofonias 3:17)

Sofonias foi contemporâneo de Jeremias. Profetizou tanto o cativeiro de Judá como sua restauração; tanto a queda de Jerusalém, como sua renovação. Depois de trazer uma palavra de juízo à nação, agora mostra a restauração do povo de Deus. O texto em referência é a síntese dessa mensagem consoladora. Destacaremos aqui cinco verdades:

Em primeiro lugar, *a presença de Deus no meio do Seu povo é a fonte de restauração.* — *O SENHOR, teu Deus, está no meio de ti...* O mesmo Deus que aplicou o juízo, entregando Jerusalém nas mãos dos caldeus, para um amargo cativeiro, agora traz o Seu povo de volta, restaura-o e coloca-se em seu meio, como sua fonte restauradora. A maior necessidade da igreja ainda hoje é da presença manifesta de Deus em seu meio. É o senso dessa presença que traz alento para a igreja. É a consciência dessa gloriosa presença que nos aquece o coração e reaviva a alma.

Em segundo lugar, *não há circunstância tão adversa que Deus não possa reverter com Seu imenso poder.* — *... poderoso para salvar-te...* Foi Deus quem tirou o Seu povo da amarga escravidão e o trouxe de volta à sua terra. É Deus quem poderosamente nos liberta da escravidão do pecado. É Ele quem quebra as nossas algemas e rompe os nossos grilhões. Não é o fraco braço da carne que nos traz salvação, mas o braço Onipotente de Deus. Ele planejou, executa e consumará a nossa plena redenção. Sua graça é maior do que o nosso pecado. Nenhuma coisa é demasiadamente difícil para Ele.

Em terceiro lugar, *a restauração do povo de Deus traz alegria ao próprio coração de Deus.* — *... ele se deleitará em ti com alegria...* Quando o povo de Deus se

PREGAÇÃO TRANSFORMADORA

volta para Ele em arrependimento, Deus volta-se para o Seu povo em graça e misericórdia, oferecendo-lhe perdão e restauração. Deus se deleita em nós quando temos prazer nele. Deus se deleita em nós com alegria quando Ele mesmo é a fonte dessa alegria. A salvação de Deus dada a nós traz glória ao próprio nome de Deus.

Em quarto lugar, *a renovação que Deus opera na vida do Seu povo é fruto de Seu acendrado amor.* — *... renovar-te-á no seu amor...* O amor de Deus é Eterno, imerecido e provado. Porque nos ama com amor eterno, nos atrai para si com cordas de amor. Porque nos ama de forma imerecida, oferece-nos a Sua graça, sendo nós merecedores de Seu castigo. É o amor de Deus que nos renova. Quanto mais reconhecemos o amor de Deus por nós, mais nos consagramos a Ele e mais deleite Ele tem em nós. Fugimos do pecado e buscamos a santidade não apenas por medo do juízo, mas, sobretudo, porque queremos agradar o coração de Deus, o Pai de misericórdias e Deus de toda consolação.

Em quinto lugar, *o deleite de Deus em Seu povo é de puro júbilo.* —*... regozijar--se-á em ti com júbilo.* Quanto mais o povo de Deus se regozija nele, mais deleite Deus tem em Seu povo. Deus nos aceita no Amado. Ele se alegra com o Seu povo como um noivo se alegra com a sua noiva. Somos a herança de Deus, filhos de Deus, herdeiros de Deus, a menina dos olhos de Deus, a delícia de Deus. Ele nos deu vida. Ele nos adotou em Sua família. Ele preparou para nós um lugar de alegria inefável. Desfrutaremos de Sua presença pelo desdobrar da eternidade. Glorificá-lo-emos e fruiremos sua presença pelos séculos sem fim. Oh, graça imensa! Oh, amor eterno! Oh, salvação bendita!

# 51

# O ENSINO DE JESUS
# SOBRE A ORAÇÃO
### (João 14:13)

Jesus estava no cenáculo com os discípulos. Passava-lhes Suas últimas instruções. Falou sobre a casa do Pai, Sua segunda vinda e a promessa do Espírito Santo. Lavou-lhes os pés, revelou-lhes Seu amor e inaugurou a nova aliança em Seu sangue. Nesse feixe de benditos ensinamentos, Jesus falou a Seus discípulos também sobre a oração. No texto em referência, Jesus ensina quatro verdades sublimes sobre a oração. Vejamos:

Em primeiro lugar, *a abrangência ilimitada da oração*. — *E tudo quanto pedirdes...* Jesus não impôs limites ao alcance da oração. Podemos apresentar a Deus as nossas necessidades, os nossos desejos e os nossos propósitos. Para Ele não há coisa demasiadamente difícil. Ele pode todas as coisas, nada Lhe é impossível. Podemos ser ousados e apresentar-lhe aquilo que é impossível da perspectiva humana. Não oramos a um ídolo mudo, mas ao Deus Todo-poderoso. Ele está assentado no trono e tem as rédeas da história em Suas mãos. Ele é poderoso para interferir no curso da história e atender ao clamor de Seu povo. Ouse apresentar grandes pedidos a Deus. Ouse levar diante dele o impossível dos homens. O que o homem não pode fazer e o que a ciência não pode realizar, Ele pode!

Em segundo lugar, *a mediação eficaz da oração*. — *... em meu nome...* Não existe oração forte nem pessoas poderosas na oração. Não oramos fiados em nossos méritos. As orações são atendidas não com base nos méritos de quem ora, mas nos méritos daquele que medeia a oração. Achegamo-nos a Deus falidos, mas Jesus tem todo o crédito. Chegamos à presença de Deus fracos, mas Ele tem todo o poder. Chegamos à presença do Senhor não em nosso próprio nome, mas em nome de Jesus. Não é a oração que é poderosa. Poderoso é Aquele que responde às orações. Poderoso é o mediador das nossas súplicas.

PREGAÇÃO TRANSFORMADORA

Em terceiro lugar, *a promessa segura da oração.* — *... isso farei...* Aquele que nos ensina a orar promete ouvir a nossa oração e garante-nos que atenderá a ela. Desse modo, orar é unir a fraqueza humana à onipotência divina. É conectar o altar da terra com o trono do céu. Se tudo é possível para Deus, então tudo é possível por meio da oração. Sendo Deus soberano, e fazendo todas as coisas conforme o conselho de Sua vontade, escolheu livremente agir por meio das orações do Seu povo. Tiago, irmão do Senhor, escreveu: *... Nada tendes, porque não pedis* (Tiago 4:2). O nosso glorioso Redentor ensinou: *Pedi, e dar-se-vos-á; buscai e achareis; batei, e abrir-se-vos-á* (Mateus 7:7). Orar as promessas de Deus é orar com plena ousadia. Ele não é homem para mentir. Em todas as Suas promessas, nós temos o sim e o amém. Nenhuma palavra Sua cai por terra.

Em quarto lugar, *o propósito maior da oração.* — *... a fim de que o Pai seja glorificado no Filho.* O fim último da oração não é o bem do homem, mas a glória do Pai manifesta no Filho. Quando o Senhor atende às nossas petições e súplicas, o Pai é glorificado e o Filho é exaltado nele. A oração não é antropocêntrica, mas teocêntrica. A oração não visa exaltar o homem, mas a Cristo. Tudo vem de Cristo, tudo é por meio de Cristo e tudo é para Cristo. Na mesma medida em que as nossas necessidades são supridas, em resposta às nossas orações, o Pai é glorificado no Filho. Na mesma proporção em que apresentamos ao Senhor os anseios da nossa alma e encontramos nele resposta, a bênção que vem do céu a nós retorna para o céu, como um tributo de louvor ao Pai, o único que é digno de toda a honra, toda a glória e todo o louvor.

# 52

# O ESPLÊNDIDO MINISTÉRIO DE JESUS

(Mateus 4:23)

Jesus já tinha passado pela água do batismo e pelo fogo da tentação. Seu ministério já estava suplantando o robusto ministério de João Batista em termos de adesão das multidões (João 4:1-3). Então, Jesus deixa a Judeia para evitar conflitos precoces com as autoridades religiosas e vai para a Galileia (Mateus 4:23). Sua fama transborda para além das fronteiras de Israel (Mateus 4:24). Multidões afluíam de todos os cantos da nação para segui-lo (Mateus 4:25). O texto em relevo mostra-nos três áreas do ministério de Jesus:

Em primeiro lugar, *Jesus ensinou nas sinagogas.* Jesus foi o mestre dos mestres, o mensageiro e a mensagem, o profeta e a profecia, o professor e o conteúdo do seu ensino. Não ensinou a doutrina dos rabinos nem o pensamento de Sua época. Ensinou as Escrituras, mostrando que Ele era o cumprimento de toda a esperança prometida no Antigo Testamento. Jesus não foi um alfaiate do efêmero, mas o escultor do eterno. Ele não ensinou nulidades, mas a verdade eterna. Ensinou nas sinagogas, lugar onde as pessoas se reuniam para ouvir a leitura da lei. Ensinou no lugar onde as pessoas buscavam conhecimento. Ensinou com fidelidade, com regularidade, com irretocável precisão. Nós, de igual forma, imitando a Jesus, devemos, no cumprimento da grande comissão, ensinar a Palavra aqui e acolá, em nossa terra e além-fronteiras, usando todos os métodos legítimos e disponíveis, até que as pessoas cheguem à maturidade e alcancem a estatura do varão perfeito.

Em segundo lugar, *Jesus pregou o evangelho do reino.* Jesus era um mestre e também um pregador. Ele veio para pregar. Pregar não a opinião dos doutores da lei nem a última corrente de pensamento dos grandes rabinos. Ele veio para pregar a Palavra de Deus, o evangelho do reino. O evangelho

PREGAÇÃO TRANSFORMADORA

do reino é o evangelho da graça que chama o homem ao arrependimento e promete-lhe remissão de pecados. O evangelho que, pela obra de Cristo, transporta o pecador do reino das trevas para o reino da luz, da potestade de Satanás para o domínio de Deus. O evangelho que abre a porta da salvação pela fé em Cristo sem o concurso das obras. O evangelho que apresenta a bondade e a severidade de Deus, a graça e o juízo, a redenção e a condenação, a vida e a morte. Esse evangelho não é criação do homem, mas dádiva de Deus. Destaca não as pretensas virtudes do homem, mas a soberana graça de Deus. Esse evangelho do reino é a única boa notícia que pode tirar o homem da escravidão para a liberdade, das trevas para a luz, do juízo condenatório para a justificação pela fé. Esse evangelho é o poder de Deus para a salvação de todo aquele que crê. A igreja não tem outra mensagem, e o mundo não tem outra esperança.

Em terceiro lugar, *Jesus curou toda sorte de doenças e enfermidades.* Jesus cuidou da alma e do corpo, das necessidades espirituais e das necessidades físicas. Seu ministério foi marcado pela compaixão. A dor que latejava no peito das pessoas doía também no coração de Jesus. Seu ministério não foi dentro de quatro paredes. Ele saía para encontrar as pessoas onde elas estavam, e elas vinham a Ele de onde estavam. Ele estancou o sofrimento efêmero e resolveu o problema eterno. Trouxe pleno perdão para os pecados e pleno alívio para as dores. Seu ministério de socorro aos aflitos pavimenta o caminho para a igreja seguir Suas pegadas. Apesar de nos faltar o poder pleno e absoluto que nele há, devemos ser revestidos de Sua compaixão a fim de exercermos, dentro dos nossos limites, a misericórdia. A igreja não pode olvidar aqueles que sofrem. Não pode passar de largo daqueles que jazem feridos à beira do nosso caminho. A igreja é o braço estendido da misericórdia de Deus num mundo enfermo que soluça e geme sem esperança. O que pulsa no coração de Deus deve também pulsar em nosso coração. A misericórdia não é para ser discutida, mas para ser praticada!

# 53

# O EVANGELHO:
# A BOA-NOVA DO CÉU À TERRA

(Marcos 1:14,15)

O evangelho é a maior e a melhor notícia que o mundo já ouviu. É a mensagem da salvação em Cristo Jesus. O evangelho é chamado nas Escrituras de diferentes formas. Abordaremos aqui três dessas formas.

Em primeiro lugar, *o evangelho do reino* (Mateus 4:23). *Percorria Jesus toda a Galileia, ensinando nas sinagogas, pregando o evangelho do reino e curando toda sorte de doenças e enfermidades entre o povo.* Na agenda de Jesus, três atividades foram destacadas. Primeiro, Jesus ensinou nas sinagogas. A sinagoga era o centro dos encontros de judeus e gentios piedosos para orar e estudar a lei de Deus. Ali Jesus entrava para ensinar o evangelho do reino. Segundo, Jesus pregou o evangelho do reino. Pregou no campo e na cidade, no templo e nas sinagogas, nas ruas e nos lares. Jesus não pregou a corrente de pensamento dos rabinos de seu tempo nem as expectativas messiânicas no povo, mas pregou o evangelho do reino. Terceiro, Jesus curou toda sorte de doenças e enfermidades nas pessoas. Jesus ensinava, pregava e curava. Atendia às necessidades do corpo e da alma. Tratava do homem no sentido pleno, aliviando suas dores, curando suas doenças e oferecendo-lhe a graça salvadora. Assim como o evangelho do reino teve prioridade na agenda de Jesus, a igreja também deve comprometer-se a pregar esse evangelho.

Em segundo lugar, *o evangelho da paz* (Atos 10:36). *Esta é a palavra que Deus enviou aos filhos de Israel, anunciando-lhes o evangelho da paz, por meio de Jesus Cristo. Este é o Senhor de todos.* O evangelho do reino é também o evangelho da paz. Por meio dele, judeus e gentios formam um só povo. O evangelho não faz distinção entre judeus e gentios, ricos e pobres, doutores e analfabetos. É endereçado a todos os homens, de todos os estratos sociais, de todos os

## PREGAÇÃO TRANSFORMADORA

estofos culturais, de todas as classes políticas. É o evangelho da paz, pois onde ele é proclamado, aí os homens são reconciliados com Deus e com o próximo. Onde o evangelho da paz é crido, cessam as guerras e os conflitos dentro dos homens e entre os homens. Onde o evangelho da paz entra, ele produz paz com Deus, pois, por meio de Cristo, todo aquele que crê é reconciliado com Deus e feito filho de Deus. O evangelho da paz não é outro evangelho distinto do evangelho do reino; é o mesmo evangelho anunciado por meio de Jesus Cristo, o Senhor de todos. À parte de Cristo, não existem boas-novas aos homens. Jesus Cristo é a própria essência do evangelho. Ele é o conteúdo do evangelho. O evangelho não é apenas uma coletânea de doutrinas; é, sobretudo, uma pessoa. É Jesus, o Senhor de todos.

Em terceiro lugar, *o evangelho da promessa* (Atos 13:32). *Nós vos anunciamos o evangelho da promessa feita a nossos pais.* O evangelho do reino é também chamado de evangelho da paz e de evangelho da promessa. O evangelho não começou quando Jesus veio ao mundo. Ele foi prometido desde a eternidade. Foi proclamado por Deus no jardim do Éden, mas foi preanunciado pelos patriarcas nas priscas eras. Foi proclamado altissonantemente pelos profetas. Há aqui uma estreita conexão entre a antiga aliança e a nova aliança. Os que viveram antes de Cristo olharam para a frente, para o Messias que viria; nós, que vivemos depois de Cristo, olhamos para trás, para o Messias que já veio. O Cristo da profecia é o Jesus histórico. Os nossos pais creram no Cristo da promessa; nós cremos no Jesus da história. Jesus é o grande elo que liga os dois Testamentos. Ele é o conteúdo e a essência de ambos. Só existe um evangelho desde o início até o fim da história. Esse é o evangelho do reino, o evangelho da paz, o evangelho da promessa, o evangelho da nossa salvação. A salvação foi planejada na eternidade e executada no tempo. Deus nunca mudou Seu método de salvar o homem. Sempre foi, em todos os tempos, em todos os lugares e para todos os homens o mesmo método. O homem é salvo por Cristo, por meio do evangelho, o evangelho do reino, o evangelho da paz, o evangelho da promessa!

# 54

# O PAVIO
# DE ESTOPA

(Zacarias 4:1-14)

No tabernáculo havia um candelabro, com hastes de ouro. O candelabro é feito para espargir luz. Esse mobiliário do santuário é um emblema da igreja. Existimos para refletir a luz de Cristo. Somos a luz do mundo. Somos luzeiros na escuridão deste mundo tenebroso. Precisamos entender, porém, quem somos, para não nos gloriarmos em nós mesmos.

Em primeiro lugar, *a luz que brilha em nós e através de nós não procede de nós mesmos*. Somos os dutos do candelabro. Somos o pavio de estopa. Esse pavio é o canal por onde passa o azeite e produz o fogo. Não temos luz própria nem produzimos o fogo. Um pavio de estopa sem azeite queima e vira um borrão encarvoado, produzindo fumaça; não luz. Embaça o ambiente em vez de iluminá-lo. Oh, como é triste quando o pavio de estopa arrogantemente imagina que é a fonte da luz! Sem azeite, o pavio fica chamuscado. Sem o banho do azeite, a luz que o pavio produz logo se apaga. Sem azeite, o pavio nada produz senão fumaceira e carvão. O pavio não tem luz para dar. Não é o pavio que queima, mas o azeite que o satura. Somos apenas o veículo entre o azeite e o fogo.

Em segundo lugar, *a luz que brilha em nós e através de nós procede do azeite*. O azeite é um símbolo do Espírito Santo. Só por meio do Espírito é que podemos brilhar. É o Espírito Santo quem nos transforma na imagem de Cristo. Não temos luz em nós mesmos. Apenas refletimos a luz de Cristo, o sol da justiça. Somos como a lua: ela só brilha na medida em que reflete a luz do sol. Quando o pavio de estopa imagina que pode produzir fogo sem o azeite, inevitavelmente se tornará carvão que para nada mais serve senão para sujar o ambiente e poluí-lo.

PREGAÇÃO TRANSFORMADORA

Em terceiro lugar, *a luz que brilha em nós e através de nós mantém o fogo aceso*. Se o fogo que arde em nós não é produzido pelo azeite, então é um fogo falso. Contudo, se somos um pavio de estopa encharcado de azeite, então o fogo arderá em nossa vida e o mundo verá a luz de Cristo em nós e através de nós. Deus se manifestou muitas vezes através do fogo. Ele é fogo. Sua palavra é fogo. Ele faz de seus ministros labaredas de fogo. Ele batiza com o Espírito Santo e com fogo. O Espírito Santo foi derramado em línguas como de fogo. Esse fogo não pode apagar no altar da nossa vida. O fervor jamais pode extinguir-se em nosso coração.

Em quarto lugar, *a luz que brilha em nós e através de nós precisa de pavio de estopa limpo*. Espevitadeiras de ouro eram usadas para tirar os borrões dos pavios de estopa e limpá-los. Pavios encarvoados produzem poluição. Entenebrecem o ambiente em vez de iluminá-lo. Precisamos constantemente de azeite e aparagem na estopa do nosso pavio. Precisamos ser limpos para brilharmos com a mesma intensidade até o final. Se o pavio de estopa não for limpo periodicamente e se as pontas carbonizadas não forem removidas, ele produzirá uma fumaceira tóxica. Assim é com a nossa vida. Precisamos ser purificados. Precisamos nos desvencilhar daquelas borras de carvão que vão se instalando em nossa vida, tirando de nós o brilho da glória de Cristo e o calor espiritual.

Em quinto lugar, *a luz que brilha em nós e através de nós precisa de azeite puro*. Deus deu instruções claras a Moisés acerca do azeite que deveria ser usado. Azeite falso produz uma luz bruxuleante. Não podemos imitar a obra do Espírito. Não podemos substituir a ação do Espírito por simulacros humanos. Usar azeite falso, manipulado pela artimanha humana, é produzir uma fumaceira lôbrega em vez de espargir a luz. Mais do que insensatez, é consumada rebeldia contra Deus tentar substituir a obra do Espírito Santo pelas imitações humanas. Que jamais nos esqueçamos de que somos apenas um pavio de estopa. Somos o canal entre o azeite e o fogo. A nossa vocação é espargir a luz — a luz de Cristo!

# 55

# O PERDÃO ILIMITADO

## (Mateus 18:21,22)

O perdão é um dos temas mais sensíveis abordados nas Escrituras. Uma vez que não somos uma pessoa perfeita nem lidamos com pessoas perfeitas, não deve causar-nos estranheza que ocasionalmente tenhamos queixas uns dos outros. A questão não é se devemos perdoar, pois isso o requer a própria convivência humana. A questão é: até onde podemos ir? Até quando podemos perdoar? Essa foi a pergunta de Pedro. Destacaremos aqui três pontos oportunos:

Em primeiro lugar, é possível que irmãos nossos pequem contra nós (Mateus 18:21). Não vivemos num paraíso. Ainda estamos sujeitos a fraquezas. É certo que as pessoas nos decepcionarão e que nós as decepcionaremos. Os conflitos interpessoais podem ser vistos em toda a história bíblica e desde os primórdios da humanidade. Mesmo homens de Deus como Paulo e Barnabé tiveram suas tensões, e, porque tinham pontos de vista diferentes sobre determinada questão, tiveram não pequena desavença. O propósito de Deus é que vivamos em paz com todos os homens, mas, se surgem conflitos, devemos lidar com essas questões biblicamente.

Em segundo lugar, *o perdão limitado não expressa o ensino das Escrituras* (Mateus 18:21). Quando Pedro perguntou a Jesus: *Senhor, até quantas vezes meu irmão pecará contra mim, que eu lhe perdoe? Até sete vezes?*, estava, em sua perspectiva, sendo muito generoso. O ensino dos rabinos é que o perdão devia limitar-se, no máximo, a três vezes. O que passasse disso era abuso e não devia ser mais considerado. Os rabinos haviam posto um limite no perdão, e Pedro, mesmo sendo mais compassivo, esticando essa cifra de três para sete, ainda impunha um limite que devemos oferecer ao irmão que pecou contra

## PREGAÇÃO TRANSFORMADORA

nós. O ensino claro das Escrituras, entretanto, é que Deus perdoa os nossos pecados e deles não mais se lembra. Perdoa-os e lança-os nas profundezas do mar. Perdoa-os e os afasta de nós como o Oriente está afastado do Ocidente. Perdoa-os e os desfaz como a névoa. Esse perdão é completo e para sempre. Deus nunca mais lança em nosso rosto os pecados que Ele nos perdoa. Assim é que devemos também perdoar uns aos outros.

Em terceiro lugar, *o perdão que devemos dar aos nossos irmãos que pecam contra nós deve ser ilimitado* (Mateus 18:22). Quando Jesus fala de perdoar até setenta vezes sete, está falando não de uma cifra, mas de um emblema. O perdão horizontal deve ter a mesma proporcionalidade do perdão vertical. Assim como o perdão de Deus para nós é ilimitado, assim deve ser também o nosso perdão oferecido ao irmão que peca contra nós. Jamais podemos fechar a porta da misericórdia àqueles que, arrependidos, nos procuram buscando perdão. Jesus foi ainda mais enfático nessa questão, quando disse: *Se, por sete vezes no dia, pecar contra ti e, sete vezes, vier ter contigo, dizendo: Estou arrependido, perdoa-lhe* (Lucas 17:4). Jesus levanta uma questão hipotética e até mesmo improvável, de uma pessoa pecar contra nós sete vezes num mesmo dia e, vez após vez, recorrer ao pedido de perdão. Mesmo numa situação tão inusitada quanto essa, não podemos sonegar-lhe o perdão. A medida do perdão que recebemos de Deus é a medida do perdão que devemos conceder ao nosso irmão arrependido. O apóstolo Paulo escreve: ... *Assim como o Senhor vos perdoou, assim também perdoai vós* (Colossenses 3:13).

O perdão não é uma opção; é uma ordem divina. Todos os que foram salvos pela graça foram perdoados, e aqueles que receberam o perdão de Deus devem conceder o perdão aos seus irmãos!

# 56

# O PODER DEVASTADOR DA MENTIRA

(Efésios 4:25)

A mentira é devastadora. Produz descrédito, decepção e morte. A mentira é nociva não apenas por causa de sua natureza perversa, mas também por causa de sua origem maligna. O diabo é o pai da mentira e o padroeiro dos mentirosos. Embora a mentira não se mantenha de pé o tempo todo, pois é manca e tem pernas curtas, ainda assim produz muitos males, como veremos:

Em primeiro lugar, *a mentira é uma afronta a Deus*. Deus é luz e não há nele treva nenhuma. A mentira não habita na luz, antes esconde-se nas regiões lôbregas e ensombrecidas do engano. A mentira é um atentado contra a natureza de Deus e uma violação da lei de Deus. O nono mandamento é peremptório: *Não dirás falso testemunho*. A ordem divina é: *... deixando a mentira, fale cada um a verdade...* A mentira tem muitas faces. Ela se apresenta disfarçada ora de autodefesa, ora de negação afrontosa da verdade. Quando Deus confrontou Adão por seu pecado, este pôs a culpa em Eva. Quando Deus confrontou Caim pelo assassinato de Abel, ele evadiu-se dizendo que não era tutor do irmão. O mentiroso diz sim quando deveria dizer não e diz não quando deveria dizer sim. A mentira é uma distorção, inversão e negação da verdade. Portanto, a mentira é uma ofensa à santidade de Deus e um atentado à integridade do próximo.

Em segundo lugar, *a mentira é uma afronta ao próximo*. A mentira tem como propósito enganar o próximo. Seu intento é sonegar a verdade ao próximo para usurpar seus direitos. A mentira tem a ver também com uma informação eivada de distorções, para maquiar os fatos, usurpar o próximo e colocar o retrato do mentiroso na moldura da integridade. Toda mentira é

PREGAÇÃO TRANSFORMADORA

prejudicial, pois não pode existir comunicação saudável nem relacionamentos confiáveis quando a mentira está presente. Seus efeitos são desastrosos, pois ela destrói a confiança, que é o alicerce das relações humanas.

Em terceiro lugar, *a mentira é uma afronta ao que mente*. O mentiroso destrói a si mesmo antes de atingir o próximo. Perde a credibilidade, o nome e a alma antes de prejudicar os outros. Os mentirosos não entram no rol daqueles que são coroados de respeito e dignidade. Os mentirosos são abomináveis na terra e não herdam os céus. Os mentirosos bebem o refluxo perverso de seu próprio fluxo maligno. Colhem os frutos malditos de sua própria semeadura insensata. Bebem o veneno que destilam de sua língua peçonhenta. Os mentirosos tropeçam em sua própria língua e cavam a própria sepultura.

Em quarto lugar, *a mentira é uma afronta à sociedade*. Vivemos numa sociedade corrompida, que lança mão da mentira nos palácios, nas cortes, na academia, nos templos, na indústria, no comércio e na família. A mentira vem, muitas vezes, travestida de verdade. Sendo injusta, não raro, traja-se com a toga da justiça. Sendo perversa, às vezes desfila na passarela da honra. A mentira, entretanto, é maligna em sua essência e devastadora em seus efeitos. Não há sociedade ordeira e justa na qual a mentira se traveste de verdade. Não há confiança duradoura nas relações nas quais a mentira se disfarça de verdade. Não há conceitos sólidos da verdade teológica ou dos preceitos éticos nos quais a mentira discursa com veemência nas cátedras ou prega com eloquência nos púlpitos. Não há justiça social na qual a mentira engana o povo na indústria ou no comércio. É impossível construir uma sociedade honrada sobre o fundamento roto da mentira. Só no canteiro da verdade florescem o amor, a justiça e a paz. A mentira produz morte, mas a verdade dá à luz a vida. Deixemos, portanto, a mentira e falemos a verdade!

# 57

# O PRECEITO DIVINO
# SOBRE O CASAMENTO

### (Efésios 5:31)

O casamento é uma instituição divina. Deus instituiu o casamento para a sua glória, a felicidade do ser humano e a perpetuação da raça. Essa conceituada instituição, não obstante sua origem divina, tem sido atacada com rigor desmesurado, e isso desde os tempos mais remotos. À luz do texto em consideração, três são os preceitos divinos sobre o casamento. Vejamos:

Em primeiro lugar, *o casamento é heterossexual. Eis por que deixará o homem a seu pai e a sua mãe e se unirá à sua mulher...* O casamento tem um deixar e um unir-se. Antes de o homem unir-se à sua mulher, precisa deixar pai e mãe. Mas o homem que deixa pai e mãe, deixa-os para se unir à sua mulher; não a outro homem. O casamento, segundo os preceitos divinos, não é a união entre um homem e outro homem, nem entre uma mulher e outra mulher. A relação homoafetiva, embora receba a aprovação dos homens, não encontra a aprovação de Deus. Os preceitos divinos não ficam de cócoras diante dos preceitos humanos. Aquilo que a sociedade, adoecida pelo pecado, chama de amor, a Palavra de Deus chama de paixão infame. Aquilo que dizem ser um acerto, a Palavra de Deus chama de erro. Aquilo que dizem ser natural, a Palavra de Deus diz que é antinatural. Aquilo que dizem ser uma conquista, a Palavra de Deus diz que é uma torpeza (Romanos 1:24-28). Nenhum tribunal humano, por mais conspícuo que seja, pode desfazer os preceitos divinos. Não são as leis humanas que legitimam a Palavra de Deus, mas é a Palavra de Deus que julga todas as leis. O casamento conforme instituído por Deus foi, é e sempre será heterossexual. O que passar disso é fruto do enganoso coração humano.

Em segundo lugar, *o casamento é monogâmico. — ... deixará o homem a seu pai e a sua mãe e se unirá à sua mulher...* O casamento é a relação entre um homem

## PREGAÇÃO TRANSFORMADORA

e uma mulher; não entre um homem e várias mulheres, nem a união entre uma mulher e vários homens. A poliginia (a união de um homem com várias mulheres) e a poliandria (a união de uma mulher com vários homens) estão fora do propósito divino. Embora a poligamia fosse corrente em algumas culturas, os preceitos divinos sobre a monogamia são meridianamente claros. Na criação, Deus deixou isso evidente em Gênesis 2:24: *Por isso, deixa o homem pai e mãe e se une à sua mulher, tornando-se os dois uma só carne.* Na entrega dos Dez Mandamentos, a lei moral de Deus, essa mesma verdade foi reafirmada em Êxodo 20:17: ... *Não cobiçarás a mulher do teu próximo...* Na dispensação da graça, Jesus consolidou esse mesmo princípio em Mateus 19:4,5: ... *Não tendes lido que o Criador, desde o princípio, os fez homem e mulher e que disse: Por esta causa deixará o homem pai e mãe e se unirá a sua mulher, tornando-se os dois uma só carne?* Fica, pois, meridianamente claro que o casamento, além de ser heterossexual, é também monogâmico!

Em terceiro lugar, *o casamento é monossomático.* — ... *e se tornarão os dois uma só carne.* Deus criou o homem e a mulher, o macho e a fêmea. Deus criou-os com a capacidade de amar e ser amado, sentir prazer e dar prazer. O sexo é puro, santo e deleitoso. Contudo, o sexo só deve ser desfrutado no contexto sacrossanto do casamento. No casamento, o homem e a mulher tornam-se uma só carne. O sexo antes do casamento é fornicação, e aqueles que o praticam estão debaixo do juízo divino (1Tessalonicenses 4:3-8). O sexo fora do casamento é adultério, e só aqueles que querem se destruir cometem tal loucura (Provérbios 6:32). O sexo no casamento, porém, é uma ordenança divina (1Coríntios 7:5). O sexo no casamento é como as águas de um rio. Quando essas águas correm dentro do leito, levam vida e prazer por onde passam, mas, quando transbordam e saem do leito, levam destruição aonde chegam. Resta claro, portanto, afirmar: o casamento é heterossexual, monogâmico e monossomático. O que passar disso não vem de Deus.

# 58

# O QUE PODEMOS APRENDER COM A PALMEIRA, O SÍMBOLO DO JUSTO?

## (Salmos 92:12)

A Bíblia está cheia de metáforas. São figuras e imagens que nos apresentam lições morais e espirituais. Aqui, no texto em referência, o justo é comparado com a palmeira. É claro que, no caso de Israel, o escritor está falando da tamareira, pois é a árvore mais conhecida na região e uma das primeiras fontes de renda na agricultura. Que lições podemos aprender?

Em primeiro lugar, *o justo cresce verticalmente*. A tamareira cresce para cima, para o alto, para o céu. Assim é o justo. Sua vida é reta e cresce verticalmente. Isso fala de sua retidão e integridade. O justo não tem em seu caráter sinuosidades. Sua vida é reta. Sua conduta é ilibada. Seu testemunho é irrepreensível. Seu crescimento é para o alto!

Em segundo lugar, *o justo tem uma vida útil*. Tudo na tamareira é útil. As raízes, o caule, as folhas e os frutos. Assim é o justo. Sua vida é uma bênção para a família e para a sociedade. Sua presença no mundo é abençoadora. Suas palavras são terapêuticas e suas obras são marcadas pela bondade. Seus frutos são doces e nutritivos.

Em terceiro lugar, *o justo tem uma vida bela aos olhos de Deus e dos homens*. A palmeira, ou a tamareira, enfeita o ambiente hostil onde cresce. No meio do deserto, ela desfralda suas folhas robustas. No meio da seca severa, ela mantém seu verdor. Sua folhagem não murcha nem perde a beleza. Assim é o justo. Ele é belo aos olhos de Deus, e seu testemunho é reconhecido na terra.

Em quarto lugar, *o justo mantém-se firme mesmo em tempos de duras provas*. A tamareira cresce no deserto, floresce em lugares áridos, frutifica em ambientes hostis. Suas raízes são castigadas pelo tropel de camelos e feras. Seu caule

## PREGAÇÃO TRANSFORMADORA

e suas folhas são surrados por rajadas dos ventos quentes do deserto. Seus frutos suculentos são amadurecidos sob o calor implacável, imposto pelo sol causticante. Assim é o justo: mesmo sendo duramente provado, permanece firme, pois está plantado em Deus, é sustentado por Deus e frutifica para a glória de Deus.

Em quinto lugar, *o justo produz frutos que exaltam a Deus e abençoam o próximo*. As tâmaras são apreciadas no mundo inteiro. É um fruto doce, nutritivo e nobre. É o mais importante produto da agricultura de Israel. É um importante fator da economia da região árida do deserto da Judeia. O justo produz também frutos dignos de arrependimento. O fruto do Espírito pode ser encontrado em sua vida. Não tem apenas folhas, mas frutos, muitos frutos que glorificam a Deus e abençoam o próximo.

Em sexto lugar, *o justo aponta para a verdadeira fonte da vida*. Onde o viajor cansado, pelos desertos áridos, vislumbra uma tamareira, sabe que ali existe um oásis, lugar de abrigo e refrigério. A tamareira é um ponto de referência no meio do deserto inóspito. Assim é o justo. Ele é plantado junto à fonte, e sua vida aponta para Deus, o verdadeiro manancial da vida. Aqueles que andam errantes pelos desertos da vida, olham para Ele e podem encontrar a fonte da vida, um lugar de abrigo sob as asas do Deus Onipotente.

Em sétimo lugar, *o justo é vitorioso em sua jornada*. A folha da palmeira ou da tamareira é um símbolo de vitória. Quando erguida e acionada, com uma bandeira no mastro, ela proclama a vitória daqueles que a ostentam. Assim é a vida do justo. Ele é mais do que vencedor em Cristo. Sua vitória não decorre de sua beleza intrínseca nem de sua força pessoal. Sua vitória vem de Deus. Apesar de sua fraqueza, triunfa. Apesar de seu pecado, é justificado. Apesar de habitar numa tenda rota, será revestido com um corpo de glória! O justo florescerá como a palmeira!

# 59

# O REAVIVAMENTO PROMOVIDO
# PELA PALAVRA DE DEUS

### (Salmos 119:25)

A Reforma do século 16 foi uma volta às Escrituras. Essa volta à Palavra de Deus produziu mudanças profundas na vida da igreja e trouxe um poderoso reavivamento. O Salmo 119, sendo o maior capítulo da Bíblia, trata da excelência da Palavra de Deus e de seus benditos efeitos em nossa vida. Destacaremos aqui a relação entre a Palavra de Deus e o reavivamento.

Em primeiro lugar, *reavivamento e restauração* (Salmos 119:25). *A minha alma está apegada ao pó; vivifica-me segundo a tua palavra*. Davi está prostrado até o pó. Sua alma está humilhada ao extremo. Nessa prostração total, clama pela vivificação que vem por meio da Palavra. É a Palavra de Deus que restaura a alma!

Em segundo lugar, *reavivamento e proteção* (Salmos 119:37). *Desvia os meus olhos, para que não vejam a vaidade, e vivifica-me no teu caminho*. Os nossos olhos podem nos atrair para armadilhas perigosas. Podem ser um laço para os nossos pés. Por isso, o salmista roga a Deus proteção da queda e ao mesmo tempo vivificação no caminho de Deus, o caminho da santidade.

Em terceiro lugar, *reavivamento e aspiração* (Salmos 119:40). *Eis que tenho suspirado pelos teus preceitos; vivifica-me por tua justiça*. Quanto mais suspiramos pela Palavra de Deus, mais somos cheios dela e mais vivificados seremos pela justiça divina. Quanto mais cheios da presença de Deus, mais desejamos Deus em nossa vida.

Em quarto lugar, *reavivamento e consolo* (Salmos 119:50). *O que me consola na minha angústia é isto: que a tua palavra me vivifica*. A vida com Deus é uma jornada por onde a angústia sempre nos espreita. Contudo, nas noites mais

## PREGAÇÃO TRANSFORMADORA

escuras da alma, a Palavra de Deus nos vivifica, nos consola e nos enche de verdor e frutos benditos.

Em quinto lugar, *reavivamento e obediência* (Salmos 119:88). *Vivifica-me, segundo a tua misericórdia, e guardarei os teus testemunhos oriundos de tua boca.* Quando descemos aos vales escuros da vida ou tropeçamos em virtude da nossa fraqueza, precisamos da misericórdia de Deus e, quando Ele nos vivifica, então renovamos o nosso compromisso de obediência à Sua Palavra.

Em sexto lugar, *reavivamento e aflição* (Salmos 119:107). *Estou aflitíssimo; vivifica-me, Senhor, segundo a tua palavra.* A aflição é o cálice que bebemos enquanto caminhamos na estrada juncada de espinhos, entre o berço e a sepultura. Contudo, nas horas em que sorvemos esse cálice amargo, Deus nos vivifica segundo a sua Palavra, apruma os nossos joelhos trôpegos, fortalece as nossas mãos descaídas e nos restaura o vigor.

Em sétimo lugar, *reavivamento e oração* (Salmos 119:149). *Ouve, Senhor, a minha voz, segundo a tua bondade; vivifica-me, segundo os teus juízos.* Oração e Palavra são os dois grandes instrumentos que nos levam à vivificação espiritual. Quando Deus ouve o nosso clamor, então Sua palavra nos restaura. Pela oração, falamos com Deus; pela Palavra, Deus fala conosco!

Em oitavo lugar, *reavivamento e libertação* (Salmos 119:154). *Defende a minha causa e liberta-me; vivifica-me, segundo a tua promessa.* Quando somos apanhados na rede da perseguição externa ou da aflição interna, precisamos de livramento e, quando este chega, Deus nos vivifica pela Sua palavra. Oh, bendito livramento! Deus não nos deixa expostos ao opróbrio dos nossos inimigos.

Em nono lugar, *reavivamento e misericórdia* (Salmos 119:156). *Muitas, Senhor, são as tuas misericórdias; vivifica-me, segundo os teus juízos.* Por causa das muitas misericórdias de Deus, não somos consumidos. Por elas, Deus não nos dá o juízo que merecemos. Por isso, Ele nos ergue da nossa fraqueza e nos vivifica segundo os Seus juízos.

Em décimo lugar, *reavivamento e amor à Palavra* (Salmos 119:159). *Considera em como amo os teus preceitos; vivifica-me, ó Senhor, segundo a tua bondade.* O amor à Palavra de Deus descortina diante de nós o caminho da bondade divina, e nesse caminho está a gloriosa realidade do reavivamento e da vivificação espiritual. É tempo de buscarmos o Senhor e a Sua Palavra até que Ele venha sobre nós, trazendo em Suas asas poderoso reavivamento espiritual!

# 60

# O TESTEMUNHO
# DE UM GRANDE LIVRAMENTO

### (Salmos 116:1-9)

O Salmo 116 é atribuído, por alguns eruditos, ao rei Ezequias, rei de Judá. Esse homem piedoso enfrentou dois graves problemas na vida. Foi atacado pelo poderoso Império Assírio e atingido por uma enfermidade mortal. De ambos os problemas, Deus o livrou. Deus dispersou o exército inimigo e curou-o da enfermidade mortal. Então, no texto em apreço, ele registra sua experiência.

Em primeiro lugar, *um homem encurralado por circunstâncias medonhas* (Salmos 116:3). Ezequias enfrenta dois problemas gravíssimos, um externo e outro interno. Ele diz que laços de morte o cercaram. Laços são armadilhas. Essas armadilhas eram invisíveis e mortais. Ele estava encurralado por armadilhas cujo propósito era levá-lo à morte. Tanto o ataque assírio como a enfermidade severa mostravam-lhe a carranca da morte. Como resultado dessas circunstâncias carrancudas, angústias do inferno se apoderaram dele. O inferno instalou-se em seu peito e uma dor pungente passou a açoitar o seu coração. O resultado é que ele caiu em tribulação e tristeza. Foi esmagado debaixo de um rolo compressor, e a alegria fugiu de sua face.

Em segundo lugar, *um homem que clama a Deus do fundo do poço* (Salmos 116:4). Quando as circunstâncias da vida são medonhas e nos empurram para os abismos da angústia, a única direção a olhar é para cima. Foi o que Ezequias fez. Ele clamou ao Senhor. Ele gritou por socorro. Ele pediu livramento. Há momentos na vida em que os recursos humanos se esgotam, o socorro da terra é insuficiente, as portas de livramento se fecham. Nessas horas, precisamos olhar para cima, para o alto, para Deus.

## PREGAÇÃO TRANSFORMADORA

Em terceiro lugar, *um homem que conhece o caráter e a intervenção de Deus* (Salmos 116:5-7). Quando Ezequias clamou ao Senhor, descobriu algumas verdades sublimes que trouxeram luz às suas trevas. Primeiro, ele descobriu o caráter de Deus. Ele é justo e misericordioso. Justo para não deixar o inimigo prevalecer com truculência sobre nós e misericordioso para nos amparar em nossas fraquezas. É no caráter de Deus que encontramos refúgio seguro para a nossa alma e abrigo certo no temporal. Segundo, ele descobriu que, mesmo quando estamos nocauteados pelas crises da vida, ainda assim Deus pode nos pôr de pé novamente. Ele estava prostrado, e o Senhor o salvou. Terceiro, ele descobriu a necessidade de apropriar-se da obra de Deus. Ele se coloca diante do espelho e, num solilóquio profundo, exorta a própria alma a voltar ao seu sossego, em virtude do que Deus já havia feito por ele. Não é razoável ficarmos desassossegados mesmo depois do livramento divino. Não basta clamar a Deus; é preciso tomar posse do livramento divino.

Em quarto lugar, *um homem que experimenta um poderoso livramento divino* (Salmos 116:8). Ezequias recebe um tríplice livramento de Deus. Primeiro, o livramento espiritual. Deus livrou sua alma da morte. Ele estava num calabouço escuro, e para ele raiou a luz. Ele estava preso com grossas correntes, e para ele sorriu a liberdade. Ele estava atormentado pelos seus pecados, e para ele brotaram torrentes de perdão. Segundo, o livramento emocional. Deus livrou seus olhos das lágrimas. O choro, muitas vezes, é a confissão de impotência diante dos dramas da vida. Somos golpeados duramente por fatos e sentimentos, e todo o nosso ser reage a essas trovoadas com chuvas de lágrimas. Terceiro, o livramento moral. Deus livrou seus pés da queda. Ah, como somos fracos! Como somos vulneráveis! Ou Deus nos segura pela mão, ou perecemos!

Em quinto lugar, *um homem que assume solenes compromissos com Deus* (Salmos 116:1,2,9). Depois desse poderoso livramento, Ezequias assume três compromissos com Deus. Primeiro, assume o compromisso de amar a Deus. Houve um reavivamento de amor a Deus em seu coração. Segundo, assume o compromisso de buscar a face de Deus enquanto viver. O Deus que nos socorre na aflição deve ser também o deleite do nosso coração nos tempos de bonança. Terceiro, assume o compromisso de andar na presença de Deus na terra dos viventes, ou seja, no mais hostil dos ambientes. Qual é o seu testemunho? O que Deus já fez em sua vida? Que tributo de gratidão você trará hoje à presença de Deus?

# 61

# O TRABALHO GLORIFICA A DEUS, DIGNIFICA O HOMEM E ABENÇOA O PRÓXIMO

## (Efésios 4:28)

O Deus que trabalha criou o homem para o trabalho. O trabalho é ordenança divina antes da entrada do pecado no mundo e fará parte da agenda dos remidos de Deus depois da glorificação, quando a presença do pecado será banida da nossa vida. O texto em referência aponta-nos três verdades, que passo a destacar:

Em primeiro lugar, *o cristão é alguém comprometido com o princípio da integridade.* — *Aquele que furtava não furte mais...* Paulo está se dirigindo à igreja de Éfeso e diz que aqueles que fazem parte da família de Deus não podem mais lançar mão daquilo que não lhes pertence. O furto é surrupiar o alheio e subtrair do próximo o que lhe pertence. O furto é um atentado contra o direito de propriedade. O furto é uma quebra do oitavo mandamento da lei de Deus. Um cristão precisa ser honesto em suas atitudes, íntegro em seu trabalho e fiel em suas transações comerciais. O lucro desonesto e o enriquecimento ilícito são incompatíveis com a ética cristã.

Em segundo lugar, *o cristão é alguém comprometido com o trabalho honrado.* — *... antes, trabalhe, fazendo com as próprias mãos o que é bom...* Não basta ao cristão deixar de furtar. Esse é o lado negativo. É preciso ir além e adotar uma agenda positiva. O cristão precisa trabalhar. O trabalho não é apenas uma questão de sobrevivência, mas de dignidade. Mesmo aqueles que têm com abundância e poderiam viver de suas reservas não estão dispensados do trabalho. Deus de nada precisa, mas Ele trabalha até agora. O trabalho

## PREGAÇÃO TRANSFORMADORA

é uma bênção. Exalta a Deus, dignifica o homem e abençoa o próximo. Mas uma pergunta se impõe: que tipo de trabalho? Qualquer trabalho? Não! Colocar as mãos num trabalho que contribui para a decadência do ser humano é conspirar contra o propósito para o qual o trabalho foi instituído por Deus. Fazer aquilo que é desonesto para assaltar o erário público ou roubar o semelhante, buscando apenas vantagens pessoais, ao arrepio da lei, é um atentado à ordenança divina e uma conspiração aos direitos do próximo. A ordem bíblica é meridianamente clara: devemos fazer o que é bom, ou seja, aquilo que traz glória para Deus, sustento para nós e socorro para o próximo.

Em terceiro lugar, *o cristão é alguém comprometido com a assistência aos necessitados.* — *... para que tenha com que acudir ao necessitado.* O apóstolo Paulo está aqui alertando para duas atitudes inadequadas: a primeira delas é furtar, ou seja, tomar do próximo o que lhe pertence. A segunda é acumular só para si o que deve ser repartido com o próximo. Há pessoas que trabalham com integridade, mas não distribuem com generosidade. Há aqueles que amealham riquezas como fruto do seu trabalho honesto, mas jamais estendem a mão para socorrer o aflito à sua porta. A ética cristã vai além do ganho honesto. Também trata da distribuição generosa. Quando Deus nos dá com fartura, não é para ajuntarmos tudo para o nosso deleite, mas para repartirmos com misericórdia aos necessitados. Deus multiplica a nossa sementeira não para ajuntarmos toda essa provisão em nossos celeiros. O cristão é alguém que tem o coração aberto, as mãos abertas, o bolso aberto e a casa aberta para socorrer os necessitados. Ele é mordomo dos bens que Deus lhe confiou e usa esses bens para a expansão do reino de Deus e para o bem daqueles que foram criados à imagem e semelhança de Deus. Quem tem ouvidos, ouça: Não furte! Trabalhe! Faça o que é bom! Socorra o necessitado! Eis os imperativos da ética cristã!

# 62

# O VENTO
# DO ESPÍRITO

(João 3:8)

Nicodemos, fariseu, mestre em Israel e membro do Sinédrio, foi encontrar Jesus numa noite, fugindo dos olhares julgadores dos fiscais alheios. Ele cobriu Jesus dos mais exaltados elogios, reconhecendo que Ele vinha de Deus e fazia o que nenhum homem conseguia fazer. Jesus, em vez de sentir-se lisonjeado com os encômios recebidos, disse a Nicodemos que, se Ele não nascesse de novo, não poderia ver o reino de Deus; se ele não nascesse da água e do Espírito, não poderia entrar no reino de Deus. Nicodemos não alcançou a linguagem espiritual de Jesus e pensou que estivesse tratando de um retorno ao ventre de sua mãe. Jesus, então, explica ao mestre fariseu que o Espírito age como o vento. O vento sopra onde quer. É possível ouvir sua voz, mas ninguém pode controlá-lo. Com isso, Jesus está ensinando quatro verdades solenes sobre o Espírito Santo.

Em primeiro lugar, *o vento é soberano*. Ele sopra onde quer. Não obedece a critérios humanos nem pode ser controlado pelo homem. O vento não pede licença ao homem para soprar. Ele sopra onde não sopraríamos e deixa de soprar onde esperaríamos seu sopro. Assim é a obra do Espírito Santo. Sendo Deus, o Espírito Santo é soberano. Ele age onde quer. Ninguém pode domesticá-lo. Ninguém pode manipulá-lo. O Espírito Santo é soberano. Ele age quando quer, onde quer, em quem quer. O novo nascimento é uma obra soberana do Espírito Santo. A salvação não é uma iniciativa humana, mas um agir divino. Essa operação não ocorre pelo alvitre humano, mas conforme a ação soberana do Espírito Santo.

Em segundo lugar, *o vento é livre*. O vento sopra onde quer. Ele não se sujeita às imposições humanas. Ele não é governado pelo homem. Não

## PREGAÇÃO TRANSFORMADORA

precisa pedir ajuda nem permissão para agir. Assim como o vento é livre, também o é o Espírito Santo. Ele sopra sobre o homem quer este esteja na rua quer em casa, quer no templo quer no hospital, quer no trabalho quer no lazer, quer na azáfama da vida quer no recolhimento do descanso. O Espírito é livre para agir em quem quer, onde quer, da forma que quer, conforme deseja. Ninguém pode determinar para Ele o que deve fazer e como fazer. Ele não aceita pressão nem se sujeita a manipulação. A obra da salvação não está nas mãos do homem, mas nas mãos de Deus. Ele faz todas as coisas conforme o conselho de Sua vontade.

Em terceiro lugar, *o vento tem uma voz*. Assim como o vento não pode ser visto, mas pode ser ouvido, de igual modo opera o Espírito Santo. O Espírito Santo é invisível, mas podemos ouvir a Sua voz. Sua voz é a própria voz do divino Pastor chamando os Seus para a salvação. Essa é a voz do evangelho que ecoa nos ouvidos da alma. Quando as ovelhas de Cristo ouvem essa voz, o tampão lhes é tirado dos ouvidos e a venda é removida dos olhos; aqueles que estavam surdos ouvem, e os que eram cegos veem; aqueles que eram escravos são libertos, e os que estavam mortos recebem vida.

Em quarto lugar, *o vento é misterioso*. Não sabemos de onde ele vem nem para onde vai. Sua atuação transcende não apenas o nosso controle, mas também a nossa compreensão. Seu agir não é apenas soberano, mas também incompreensível para nós. Não podemos entender como homens violentos da estirpe de Saulo de Tarso podem ser transformados em vasos de honra como Paulo. Não podemos compreender que homens tão limitados e covardes como Pedro podem ser transformados em gigantes no testemunho do evangelho. Não podemos explicar como um indivíduo morto em seus delitos e pecados pode receber vida, e vida em abundância. Essa é a obra soberana, livre e misteriosa do Espírito Santo.

# 63

# OS PRIVILÉGIOS DAQUELES QUE TEMEM AO SENHOR

## (Salmos 25:12-14)

Temer ao Senhor é o primeiro passo rumo à sabedoria. O temor do Senhor é o portal da felicidade. O texto supramencionado trata de cinco privilégios daqueles que temem ao Senhor. Vejamos:

Em primeiro lugar, *aqueles que temem ao Senhor são instruídos por ele a tomar as decisões certas na vida* (Salmos 25:12). Não é fácil fazer escolhas acertadas. Há muitas encruzilhadas. Há muitas bifurcações na trajetória da vida. Que decisão tomar na escolha vocacional? Que decisão tomar na vida emocional? Que escolha fazer com respeito à vida profissional? Qual é o propósito específico de Deus para a nossa vida? Quando tememos a Deus, Ele mesmo nos instrui acerca da melhor escolha. Ele mesmo vai à nossa frente, abrindo o caminho. Ele mesmo nos toma pela mão e nos guia, apontando-nos o caminho seguro.

Em segundo lugar, *aqueles que temem ao Senhor têm uma vida espiritual próspera* (Salmos 25:13a). Há muitas pessoas que granjeiam fortunas, mas vivem na mendicância espiritual. Têm um corpo sadio e nédio, mas a alma está enferma. Desfrutam dos prazeres deste mundo, mas não conhecem o sabor da mesa do Pai. Só desfrutam das venturas terrenas, mas nada conhecem das alegrias celestiais. Aqueles que temem ao Senhor, porém, encontram abrigo em Seus braços e sua alma repousa em prosperidade. Bebem das fontes de Deus, deleitam-se nos banquetes da graça e desfrutam de uma alegria indizível e cheia de glória.

Em terceiro lugar, *aqueles que temem ao Senhor têm uma descendência bem-aventurada na terra* (Salmos 25:13b). Os que temem ao Senhor não apenas são

## PREGAÇÃO TRANSFORMADORA

prósperos espiritualmente, mas também têm uma descendência abençoada. Seus filhos herdam a terra e influenciam o mundo. Longe de sua família ser um transtorno para a sociedade, influenciam os homens. Longe de viverem como nômades sem chão na história, herdam a terra. Longe de viverem sem raiz e sem morada certa, tomam posse da terra.

Em quarto lugar, *aqueles que temem ao Senhor desfrutam da sua intimidade* (Salmos 25:14a). A dádiva mais importante que um indivíduo pode usufruir na vida é desfrutar da intimidade de Deus. É na presença dele que existe plenitude de alegria. É na Sua destra que há delícias perpetuamente. Deus é melhor que Suas dádivas. O abençoador é melhor que Suas bênçãos. Deus se revela pessoal e intimamente àqueles que O temem. Quanto mais nos deleitamos em Deus, mais prazer Ele tem em nós. Quanto mais prestamos a Ele nossa devoção cheia de reverência, mais Ele se revela a nós, dando-nos a conhecer Sua intimidade.

Em quinto lugar, *aqueles que temem ao Senhor recebem dele o privilégio de conhecer a Sua aliança* (Salmos 25:14b). Deus firmou uma aliança conosco de ser o nosso Deus e nós sermos o Seu povo para sempre. Sua aliança é um pacto de amor. Quanto mais Ele nos dá a conhecê-la, mais encontramos nele o sentido da vida. Quanto mais compreendemos Sua disposição de revelar a nós as bênçãos da Sua aliança, mais ficamos extasiados com Suas entranháveis misericórdias. Oh, amor sem igual! Oh, graça bendita! Deus nos escolheu, nos chamou, nos justificou e nos deu garantia de vida eterna. Nada nem ninguém podem frustrar Seus planos ou impedir Sua obra por nós, em nós e através de nós, porque Ele jamais deixou cair por terra uma só de Suas palavras, nem jamais quebrou Sua aliança conosco. Temer ao Senhor, de fato, é um sublime privilégio!

# 64

# OS SÍMBOLOS DA HUMILHAÇÃO E DA EXALTAÇÃO DE JESUS

(Lucas 2:7)

Jesus é o centro da eternidade e da história. Nele convergem todas as coisas, na terra e no céu. Ele é o centro dos decretos eternos de Deus, o centro das Escrituras e será o centro do céu, por toda a eternidade. Destacamos aqui alguns símbolos de Sua encarnação e de Sua superexaltação.

Em primeiro lugar, *a manjedoura* (Lucas 2:7). A encarnação do Verbo Eterno, pessoal e divino é um glorioso mistério. O transcendente se esvaziou e vestiu pele humana. O Eterno entrou no tempo. O infinito tornou-se um bebê e o Rei dos reis nasceu numa estrebaria e teve como berço uma manjedoura. Sendo rico, se fez pobre. Sendo santo, foi feito pecado. Sendo bendito eternamente, foi feito maldição. A manjedoura é um golpe no orgulho dos homens, pois Jesus veio como cordeiro, como servo, como alguém que, sendo Deus, não julgou como usurpação ser igual a Deus.

Em segundo lugar, *a bacia e a toalha* (João 13:4,5). No mesmo momento em que os discípulos disputavam entre si prestígio e proeminência, Jesus confronta-os cingindo-se com uma toalha e deitando água na bacia para lavar seus pés empoeirados. Sendo Ele Senhor e Mestre, voluntariamente fez o trabalho de um escravo. Jesus deixa claro que no reino de Deus a pirâmide está invertida. Aquele que tem mais honra é o servo de todos. Jesus não veio para ser servido; Ele veio para servir, ensinando com isso que a humildade é o portal da honra, enquanto a soberba é a antessala do fracasso.

Em terceiro lugar, *a cruz* (Lucas 23:33). Não podemos separar a manjedoura da cruz. Jesus nasceu numa estrebaria e teve por berço uma manjedoura porque Ele veio como o Cordeiro de Deus que tira o pecado do

PREGAÇÃO TRANSFORMADORA

mundo. Com Seu sacrifício na cruz, Jesus varreu do altar os animais sacrificados. Com Sua morte, Ele pôs fim a todo o sistema cerimonial judaico e abriu-nos um novo e vivo caminho para Deus. A cruz é o palco onde Deus demonstrou o Seu amor por pecadores indignos e ao mesmo tempo satisfez Sua justiça, pois seu Filho morreu como nosso substituto. Na manjedoura, Jesus se esvaziou. Usando a toalha e a bacia, Jesus serviu. Mas na cruz Jesus se sacrificou.

Em quarto lugar, *o túmulo vazio* (Lucas 24:1-3). Jesus não foi retido pela morte. Ele matou a morte e arrancou o seu aguilhão. Ele triunfou sobre a morte e ressuscitou com um corpo imortal, incorruptível, poderoso, glorioso e celestial. A morte foi vencida e tragada pela vitória. Sua ressurreição é o selo da nossa esperança. Jesus abriu o caminho da imortalidade e se levantou do túmulo como primícias dos que dormem. Sua ressurreição é a garantia de que aqueles que dormem em Cristo se levantarão do túmulo e receberão um corpo semelhante ao corpo de Sua glória.

Em quinto lugar, *o trono* (Hebreus 1:8). Porque Jesus se esvaziou e foi obediente até a morte, e morte de cruz, Deus Pai O exaltou sobremaneira e O fez assentar-se no trono das alturas. Jesus foi elevado acima dos céus. Ele está entronizado acima dos querubins. Ele governa o universo, intercede pela igreja e voltará gloriosamente. Seu trono jamais será abalado, e Seu reino jamais passará. Seu domínio é eterno. Diante dele, todo joelho precisa se prostrar e toda língua precisa confessar que Ele é Senhor, para a glória de Deus. Até mesmo aqueles que o rejeitaram terão que se prostrar. Ateus, agnósticos e místicos precisarão se render e confessar que Jesus é Senhor. Anjos, homens e demônios precisarão reconhecer que Jesus é o Rei dos reis e o Senhor dos senhores. O Jesus da manjedoura é o Jesus do trono. Ele está à destra de Deus Pai, de onde virá visivelmente, audivelmente, repentinamente, inesperadamente, inescapavelmente, poderosamente e gloriosamente para buscar a Sua igreja. Virá para julgar os vivos e os mortos. Virá para estabelecer Seu reino de glória. Virá para colocar debaixo de Seus pés todos os Seus inimigos e entregar o reino ao Deus e Pai!

# 65

# PASSOS NECESSÁRIOS PARA O PERDÃO

## (Lucas 17:3-5)

Depois de alertar os discípulos sobre a inevitabilidade dos escândalos e a tragédia que desabará sobre aqueles por meio de quem os escândalos vêm, Jesus trata da necessidade de perdoar aqueles que falham conosco. No texto em referência, Jesus ensina cinco passos necessários para o pleno perdão.

Em primeiro lugar, *a cautela* (Lucas 17:3). *Acautelai-vos...* A cautela é imperativa porque sempre que o perdão é necessário os relacionamentos já estão fragilizados, as emoções já estão esfalfadas e as feridas já estão abertas. Sem cautela, pode existir arrogância no trato do assunto, deixando a relação ainda mais adoecida. Quem pede perdão precisa ter humildade para reconhecer o erro, e quem concede perdão precisa ter graça para não pleitear justiça, mas exercer misericórdia.

Em segundo lugar, *a repreensão* (Lucas 17:3). *Acautelai-vos. Se teu irmão pecar contra ti, repreende-o...* Jesus está falando que o relacionamento, mesmo entre irmãos, pode ter falhas e precisar de reparos. O caminho para a restauração não é dar tempo ao tempo. O tempo não cura as feridas. O caminho também não é o silêncio, pois este não é sinônimo de perdão. O remédio para curar as feridas da mágoa é a repreensão. Longe de a pessoa ofendida espalhar sua mágoa, contando a outras pessoas a desavença fraternal, denegrindo a imagem de quem a feriu, deve procurar o ofensor para um confronto direto, pessoal e sincero, mas cheio de amor. Essa repreensão deve ser, ao mesmo tempo, firme e terna, para não acobertar o erro nem negligenciar a compaixão. A verdade em amor é terapia divina para curar os

## PREGAÇÃO TRANSFORMADORA

males que afligem os relacionamentos. Verdade sem amor machuca; amor sem verdade adoece.

Em terceiro lugar, *o arrependimento* (Lucas 17:3). *Acautelai-vos. Se teu irmão pecar contra ti, repreende-o; se ele se arrepender...* O amor é incondicional, mas o perdão não. O perdão precisa passar necessariamente pelo arrependimento. O ofensor precisa reconhecer seu pecado diante da pessoa a quem ofendeu. Esse reconhecimento implica admitir o erro, sentir tristeza por ele e dispor--se a abandoná-lo. Com essas disposições, o ofensor deve procurar o ofendido para expor seu arrependimento. Ao proceder assim, o ofendido não tem outra opção senão perdoar imediata e completamente.

Em quarto lugar, *o perdão* (Lucas 17:3). *Acautelai-vos. Se teu irmão pecar contra ti, repreende-o; se ele se arrepender, perdoa-lhe.* O perdão é a disposição de tratar o ofensor como irmão, sem jogar em seu rosto o pecado cometido. Perdoar é zerar a conta e não cobrar mais a dívida. Perdoar é tratar a pessoa arrependida como se ela nunca tivesse pecado. Perdoar é restaurar o relacionamento e recomeçar uma relação de confiança. O perdão quebra a parede da separação e abre os portais da graça para aceitar de volta o que falhou, dando-lhe a oportunidade de recomeçar a bendita relação de amizade. O perdão traz cura para quem cometeu o erro e alegria para quem exercitou a misericórdia. Na parábola do filho pródigo, quem demonstra alegria é o pai que perdoa; não o filho perdoado. O perdão é a assepsia da alma, a faxina da mente e a cura das emoções. O perdão é terapêutico, pois dele emana a restauração da alma.

Em quinto lugar, *a fé* (Lucas 17:4,5). *Se, por sete vezes no dia, pecar contra ti e, sete vezes, vier ter contigo, dizendo: Estou arrependido, perdoa-lhe. Então, disseram os apóstolos ao Senhor: Aumenta-nos a fé.* O perdão ilimitado não é uma capacidade inata que possuímos; é uma operação da graça de Deus em nós. Não temos essa disposição nem esse poder. Somente quando o Senhor aumenta a nossa fé, podemos perdoar, de forma ilimitada, como Deus em Cristo nos perdoou. O perdão não é uma opção, mas uma ordem divina e uma necessidade humana. Quem não perdoa destrói a própria ponte sobre a qual precisa passar.

# 66

# PERDOADOS
# E PERDOADORES

## (Mateus 18:21-35)

A parábola do credor incompassivo, registrada em Mateus 18:23-35, ilustra o ensino de Jesus sobre o perdão (Mateus 18:21,22). Devemos perdoar o nosso irmão na mesma medida em que fomos perdoados por Deus. Porque fomos perdoados de uma dívida impagável, devemos semelhantemente perdoar os nossos irmãos. Pedro pergunta a Jesus: *Senhor, até quantas vezes meu irmão pecará contra mim, que eu lhe perdoe? Até sete vezes?* Jesus respondeu-lhe: *Não te digo que até sete vezes, mas até setenta vezes sete.* É claro que não se trata aqui de um cálculo matemático. Setenta vezes sete é um emblema. Devemos perdoar ilimitadamente, como Deus em Cristo nos perdoou.

A referida parábola ensina-nos algumas lições importantes sobre o perdão:

Em primeiro lugar, *temos uma dívida impagável diante de Deus*. A nossa dívida é impagável. Jesus ilustrou essa realidade, dizendo que o servo que foi trazido para ajustar contas com o rei devia-lhe dez mil talentos. Esse é um valor astronômico. Um talento correspondia a 35 quilos de ouro. Tratava-se, portanto, de 350 mil quilos de ouro. Ninguém podia dever tanto naquele tempo. Naquela época, o salário de um trabalhador era de um denário por dia. Para um indivíduo amealhar essa vultosa quantia, ganhando esse salário, precisaria trabalhar 150 mil anos. Por que Jesus usou essa cifra exagerada? Para mostrar o tamanho da nossa dívida com Deus. É uma dívida impagável!

Em segundo lugar, *somos perdoados por causa da graça de Deus*. O perdão não é merecimento; é graça. O servo devedor não exige nada; apenas suplica misericórdia. Não reivindica seus direitos; roga seu favor. Mesmo tendo uma

PREGAÇÃO TRANSFORMADORA

dívida impagável, foi perdoado pelo rei. De igual modo, Deus nos perdoa não por quem nós somos, mas por quem Ele é. A base do perdão não é o mérito humano, mas a graça divina.

Em terceiro lugar, *somos perdoados para perdoar.* Os perdoados devem perdoar. Os que receberam graça devem ser canais da misericórdia. Os que receberam perdão não podem sonegar perdão. O rei ficou irado com o servo perdoado que se recusou a perdoar o seu conservo. Nunca teremos justificavas para não perdoar, pois devemos perdoar assim como Deus em Cristo nos perdoou.

Em quarto lugar, *sonegar perdão é ser entregue aos flageladores.* Quem não perdoa adoece física, emocional e espiritualmente. O servo perdoado que não perdoou foi entregue aos flageladores. Reter perdão é viver numa masmorra. É ser atormentado pelo azorrague da culpa. É alimentar-se de absinto. É envenenar o coração. Quem não perdoa não tem paz. Quem não perdoa não pode orar nem ofertar. Quem não perdoa não pode ser perdoado.

Em quinto lugar, *sonegar perdão ao irmão é privar-se do próprio perdão de Deus.* O servo que se recusou a ter compaixão de seu conservo, como ele próprio fora alvo da misericórdia, provocou não apenas a ira de seu senhor, mas também atraiu tormentos para sua própria vida. Quem entrega o servo sem compaixão aos verdugos é o próprio rei. Até quando esse servo impenitente será atormentado? Esse flagelo não tem fim, pois o texto diz: ... *até que lhe pagasse toda a dívida.* Jesus conclui a parábola, dizendo: *Assim também meu Pai celeste vos fará, se do íntimo não perdoardes cada um a seu irmão.* Sem o exercício do perdão, não existe o recebimento de perdão. Quem nega perdão ao irmão não recebe perdão do Pai. O perdão não pode ser apenas um discurso de palavras vazias, mas uma expressão sincera que emana do íntimo. Só entram no céu os perdoados; só têm comunhão com Deus e com os irmãos os perdoadores!

# 67

# PERIGOS E PROMESSAS ACERCA DOS DÍZIMOS

### (Malaquias 3:8-12)

Deus é o criador e dono do universo. Nada trouxemos para o mundo nem nada dele levaremos. Ele, porém, constituiu-nos Seus mordomos e requer de nós fidelidade nessa mordomia. Um dos sinais dessa mordomia é que devemos devolver a Deus, de tudo o que Ele nos dá, 10%. Isso é chamado de *dízimo*. Falaremos sobre os perigos e promessas sobre o dízimo.

Em primeiro lugar, *os perigos sobre o dízimo*. Destacaremos quatro perigos que o texto de Malaquias 3:8-10 destaca:

Reter os dízimos (Malaquias 3:8). *Roubará o homem a Deus? Todavia, vós me roubais e dizeis: Em que te roubamos? Nos dízimos e nas ofertas*. Os dízimos são santos ao Senhor, e não podemos lançar mão deles. Retê-los é apropriação indébita. É roubo ao Senhor. Não damos dízimos; entregamo-los. Não são nossos; pertencem a Deus.

Subtrair os dízimos (Malaquias 3:10). *Trazei todos os dízimos...* Não podemos entregar parte, afirmando que estamos entregando todos os dízimos. Reter mais do que é justo é pura perda. Deus requer de Seus mordomos fidelidade na administração do que Lhe pertence.

Administrar os dízimos (Malaquias 3:10). *Trazei todos os dízimos à casa do tesouro...* Deus nos ordena a trazer todos os dízimos, mas não nos constituiu administradores deles. O nosso papel é entregar o que é de Deus, na casa de Deus, para o suprimento da obra de Deus.

Subestimar os dízimos (Malaquias 3:8b). *... e dizeis: Em que te roubamos? Nos dízimos e nas ofertas*. A geração de Malaquias estava desprezando o

PREGAÇÃO TRANSFORMADORA

culto divino e trazendo ofertas indignas para Deus. Quando acusados pelo profeta de estarem roubando a Deus, logo perguntaram: *Em que te roubamos?* Julgavam que o dízimo era coisa de somenos importância. Por isso, eram negligentes.

Em segundo lugar, *as promessas sobre o dízimo.* Depois de Malaquias alertar sobre os perigos, passa a tratar das promessas divinas àqueles que são fiéis na devolução dos dízimos.

Janelas abertas do céu (Malaquias 3:10). *... e provai-me nisto, diz o Senhor dos Exércitos, se eu não vos abrir as janelas do céu...* Tudo o que temos, recebemos de Deus. Ele é o nosso Criador e também Provedor. Quando somos fiéis a Ele na mordomia dos bens, Ele promete abrir-nos as janelas do céu. Dele vem toda boa dádiva.

Bênção sem medida (Malaquias 3:10b). *... e não derramar sobre vós bênção sem medida.* Deus é abençoador. Aqueles que o honram são honrados por Ele (1Samuel 2:30). Suas bênçãos são abundantes e sem medida para aqueles que confiam na Sua providência e são fiéis mordomos dos recursos que Ele mesmo coloca em suas mãos.

Devorador repreendido (Malaquias 3:11). *Por vossa causa, repreenderei o devorador...* Deus não apenas abre sobre nós as janelas do céu, mas também repreende o devorador para que ele não consuma o fruto do nosso trabalho. Deus nos abençoa e nos protege.

Felicidade plena (Malaquias 3:12). *Todas as nações vos chamarão felizes...* Quando somos fiéis a Deus e abençoados por Ele, isso serve de testemunho às nações, e todos reconhecem que somos um povo feliz, porque não retemos o que é de Deus, mas, com gratidão, entregamos o que Lhe pertence. Fica claro que o dízimo não é subtração. Na matemática divina, perdemos o que retemos e ganhamos o que entregamos. Se formos mordomos infiéis na devolução dos dízimos, roubaremos a Deus, a nós mesmos e aos outros. Mas, se obedecermos a Deus, comeremos o melhor desta terra e seremos abençoados com toda sorte de bênçãos!

# 68

# POR QUE DESEJO
# SER UM PRESBÍTERO?

(1Timóteo 3:1-7)

O presbítero é um homem chamado por Deus, para cuidar do rebanho de Deus, conforme os preceitos da Palavra de Deus. À luz de Atos 20:17,28, os termos "presbítero", "bispo" e "pastor" são correlatos. Não há hierarquia na igreja de Deus. Há ministérios distintos. Todos os ministérios, porém, visam à glória de Deus e a edificação da igreja. O versículo em referência introduz o mais completo texto das Escrituras sobre as qualificações de um presbítero. Destacamos, aqui, três lições importantes:

Em primeiro lugar, *os princípios que devem reger a vida e o ministério do presbítero procedem da Palavra de Deus. Fiel é a palavra...* O que Paulo ensina sobre o presbiterato não procede dele mesmo. Não são meras sugestões humanas. Ao contrário, são princípios estabelecidos pela Palavra de Deus, que é absolutamente fiel. A Palavra de Deus regulamenta, orienta e normatiza o que devemos entender sobre a pessoa e o ministério do presbítero. A Escritura trata da vida pessoal, familiar, social e espiritual do presbítero. Ele deve ser um crente exemplar dentro do lar e fora dele. Deve ter bom testemunho na igreja e na sociedade. Deve ser irrepreensível nas palavras e nas ações. Deve ser um homem ensinável e apto para ensinar.

Em segundo lugar, *o presbiterato pode ser legitimamente desejado. — ... se alguém aspira ao episcopado...* O presbiterato não é uma imposição, mas uma aspiração. Ninguém deve exercer o presbiterato por constrangimento ou obrigação. O presbítero precisa ter uma profunda convicção de sua vocação. Ele precisa entender que é o Espírito Santo quem o constitui bispo sobre a igreja de Deus. Jamais esse glorioso ministério pode ser exercido por qualquer artimanha política ou manipulação humana. Ao mesmo tempo que o chamado

PREGAÇÃO TRANSFORMADORA

vem de Deus e o reconhecimento vem do povo de Deus, o presbiterato deve ser um ofício desejado por aquele que o exerce. É legítimo aspirá-lo. É necessário desejar exercê-lo. Portanto, ao mesmo tempo que Deus escolhe e chama os líderes da igreja, eles devem exercer também esse honroso ofício com voluntariedade e alegria.

Em terceiro lugar, *o presbiterato* é uma plataforma de trabalho; *não de privilégios.* — ... *excelente obra almeja.* O presbiterato não é um cargo, mas um ofício. Não é um posto de autopromoção, mas uma plataforma de serviço. Não é um chamado para ser servido, mas uma convocação para servir. Não é um privilégio a ser desfrutado, mas um trabalho a ser feito. Não é uma convocação para sentar-se num lugar de honra, mas um chamado para descer aos vales, em busca das ovelhas perdidas. Não é uma obra de autoengrandecimento, mas uma convocação para pastorear a igreja de Deus, comprada pelo precioso sangue de Jesus. O presbiterato não é apenas um trabalho, mas um trabalho árduo. A palavra grega traduzida por "obra" descreve um trabalho penoso e sacrificial. O presbítero é um pastor que cuida primeiro de sua vida e depois do rebanho de Deus. É um pastor que vela pelo rebanho, que apascenta as ovelhas e as protege dos lobos vorazes. O presbítero não exerce seu trabalho para servir-se das ovelhas, mas para servir às ovelhas. O apóstolo Paulo diz que a obra do presbiterato não é uma obra qualquer, mas uma excelente obra. Não há maior honra do que glorificar a Deus, servindo ao Seu povo. Não há maior alegria do que honrar a Jesus, o bom, o grande e o supremo Pastor, do que apascentar as Suas ovelhas. Que Deus nos dê líderes segundo o Seu coração, que amem a Cristo e apascentem com zelo e fervor as ovelhas de Cristo!

# 69

# OS GEMIDOS DA CRIAÇÃO, DA IGREJA E DO ESPÍRITO SANTO

(Romanos 8:18-27)

Os estudiosos afirmam, e com razão, que a carta aos Romanos é a cordilheira do Himalaia de toda a revelação bíblica. Então, podemos afirmar, com certeza inequívoca, que o capítulo 8 de Romanos é o pico do Everest. Nesse capítulo que ressalta o plano eterno de Deus em nossa salvação, a obra de Cristo por nós e o poder do Espírito Santo em nós, o apóstolo Paulo fala sobre três gemidos.

Em primeiro lugar, *o gemido da criação* (Romanos 8:22). *Porque sabemos que toda a criação, a um só tempo, geme e suporta angústias até agora.* A queda dos nossos pais não atingiu apenas a humanidade, mas também o universo. A criação foi submetida à escravidão. A terra passou a produzir cardos e abrolhos. Os animais passaram a ser hostis à raça humana. A natureza entrou em convulsão. A criação está sentindo dores de parto, aguardando o tempo em que será liberta do seu cativeiro. As tempestades avassaladoras, as enchentes gigantescas, os terremotos devastadores, os maremotos inundantes e a desertificação assoladora de muitas regiões revelam esses gemidos da criação. A terra está enferma. O mundo sofre cólicas intestinais. Toda a criação, gemendo, aguarda a segunda vinda de Cristo, a redenção plena da igreja, quando, então, haverá novos céus e nova terra.

Em segundo lugar, *o gemido da igreja* (Romanos 8:23). *E não somente ela, mas também nós, que temos as primícias do Espírito, igualmente gememos em nosso íntimo, aguardando a adoção de filhos, a redenção do nosso corpo.* A criação não está gemendo sozinha. Nós, os filhos de Deus, que temos as primícias do Espírito, estamos gemendo também. Gememos por causa do pecado. Gememos porque os homens se rebelam mais e mais contra Deus e tapam os ouvidos

## PREGAÇÃO TRANSFORMADORA

à sua lei. Gememos porque os pecadores, sendo objetos do amor de Deus, viram as costas para Ele e fazem para si mesmos ídolos vãos. Gememos porque, mesmo diante da imerecida oferta da graça, os homens escarnecem de Deus e ultrajam Sua graça. Gememos porque, tendo nós recebido o penhor do Espírito, e já provando por antecipação as delícias da vida vindoura, vivemos num mundo perverso, rendido ao pecado. Gememos porque, na ponta dos pés, aguardamos do céu o nosso glorioso Salvador, quando seremos transformados e receberemos um corpo imortal e incorruptível, semelhante ao corpo da glória do Senhor. Oh, quão glorioso aquele dia será!

Em terceiro lugar, *os gemidos do Espírito Santo* (Romanos 8:26). ... *mas o mesmo Espírito intercede por nós sobremaneira, com gemidos inexprimíveis.* Os gemidos são ouvidos não apenas na terra, mas também nos céus. Estão presentes não apenas na criação e entre os homens, mas também na própria divindade. O Espírito Santo, o Deus que habita em nós e intercede por nós ao Deus que está sobre nós, também está gemendo. A intercessão do Espírito é intensa, agônica e eficaz. Emprega todo o Seu poder para interceder por nós, a fim de que sejamos transformados à imagem de Cristo. Nós, assim, temos dois intercessores na Trindade: Jesus, o Advogado, o Justo, é o nosso intercessor legal. Ele está à destra de Deus e intercede por nós. Nenhuma acusação prospera contra nós diante do tribunal de Deus, pois Jesus morreu por nós e vive para nós. Ele pagou a nossa dívida. Agora estamos quites com a lei de Deus e com as demandas da justiça de Deus. Temos também o Espírito Santo como nosso intercessor existencial. Ele intercede por nós, dentro de nós, com indescritível agonia. Sendo Deus, Ele geme por nós ao interceder em nosso favor. Oh, quem poderia descrever a intensidade dessa intercessão?! Quem poderia orar com tanta intensidade e agonia?! Oh, Deus cheio de graça e amor, que, além de nos assistir em nossa fraqueza, ainda intercede por nós e em nós, e isso com gemidos inexprimíveis! Que jamais nos esqueçamos de quão amados somos! Que jamais negligenciemos a nossa devoção ao Deus Pai, ao Deus Filho e ao Deus Espírito Santo por graça tão preciosa!

# 70

# QUANDO O AMOR ESTÁ MAL DIRECIONADO

(2Timóteo 3:1-9)

Quero destacar três palavras mencionadas pelo apóstolo Paulo nessa passagem que retratam os males e a corrupção dos últimos dias. A decadência da sociedade é resultado da inversão de valores. Paulo diz que as pessoas direcionam o seu amor para si mesmas, para o dinheiro e para os prazeres. Na língua grega, Paulo usa três palavras que retratam o amor às avessas: *filautós, filarguros* e *filedonos*. Estes são ainda os três maiores problemas da sociedade: poder, dinheiro e sexo. Vejamos:

Em primeiro lugar, *filautós* (2Timóteo 3:2). A palavra grega *filautós* significa literalmente "amante de si mesmo". Esse é o retrato de uma pessoa egoísta. Uma pessoa egoísta é aquela que ama a si mesma acima de todos e além de tudo. O mundo dela está centrado nela mesma. Vive para si mesma e espera que todos também vivam para fazer sua vontade. Uma pessoa egoísta é aquela que, por venerar a si mesma, como seu próprio ídolo, usa as pessoas em vez de servi-las. Um *filautós* é um narcisista, que, ao contemplar seu próprio rosto, apaixona-se por si mesmo. Esse egoísmo exacerbado é a fonte de todas as mazelas da sociedade, a causa de muitos casamentos desfeitos e a razão principal do adoecimento de muitos relacionamentos, nas mais diversas esferas da vida.

Em segundo lugar, *filarguros* (2Timóteo 3:2). A palavra grega *filarguros* significa literalmente "amante da prata", ou seja, amante do dinheiro. O dinheiro é o ídolo mais adorado neste século. As pessoas matam, morrem, casam-se e se divorciam por causa do amor ao dinheiro. Essa veneração ao dinheiro é o motivo pelo qual muitos ricos não se contentam com sua riqueza e jeitosamente saqueiam o pouco do pobre para se fazerem ricos. Esse

## PREGAÇÃO TRANSFORMADORA

amor ao dinheiro é a causa de sentenças serem vendidas nos tribunais e a razão da corrupção galopante na política, nas empresas públicas e privadas, bem como no comércio, na indústria e até mesmo nas igrejas. O amor ao dinheiro é a raiz de todos os males. Muitos nessa cobiça destroem a si mesmos, pensando que o dinheiro pode dar-lhes felicidade e segurança. Quem ama o dinheiro, dele nunca se farta. Quem põe o coração nas riquezas torna-se escravo delas para servi-las. A palavra *filarguros* foi traduzida por "avarento". O avarento é o indivíduo que só pensa em si e jamais no próximo. Usa seu dinheiro apenas para deleite próprio, pois desconhece o que é generosidade. Busca apenas os seus próprios interesses e jamais o que é dos outros. Constrói apenas para si mesmo, ainda que para isso precise tomar o que é dos outros. O avarento é um idólatra. Seu deus é o dinheiro. Nesse altar profano, ele arruína sua própria vida, destrói sua própria alma e ainda torna a vida de seu próximo um pesadelo.

Em terceiro lugar, *filedonos* (2Timóteo 3:4). A palavra grega *filedonos* significa literalmente "amante dos prazeres". Depois de Paulo falar do amor a si mesmo e do amor ao dinheiro, agora fecha essa lista de pecados degradantes da sociedade com o amor ao prazer. O mundo torna-se mais e mais hedonista. A busca do prazer tornou-se o objetivo último de muitas pessoas. Elas buscam o prazer como o principal sentido da vida. Seu deus é o prazer. Sua filosofia de vida é: *comamos e bebamos, que amanhã morreremos*. O *filedonos* é o indivíduo que se embriaga com os prazeres carnais. Bebe todas as taças de sua própria luxúria. Vive correndo, sofregamente, atrás de novas aventuras. Empanturra-se de vícios nocivos, embrenhando-se pelos corredores lôbregos da imoralidade e das diversões carnais. O apóstolo Paulo, ao radiografar a sociedade de seu tempo, diz que os homens eram mais amantes dos prazeres que amigos de Deus. Não é esse também o retrato do nosso tempo? Que Deus tenha misericórdia de nós, a fim de que amemos o próximo em vez de sermos egoístas; sejamos generosos em vez de avarentos; e sejamos amigos de Deus em vez de amantes dos prazeres.

# 71

# QUÃO GLORIOSO
# É O EVANGELHO!

## (Romanos 1:16,17)

A carta de Paulo aos Romanos é o maior tratado teológico do Novo Testamento. Nessa epístola, o apóstolo dos gentios fala sobre o evangelho, já no início de seu texto. Romanos 1:16 é uma espécie de introdução e síntese de toda a carta. Destacaremos aqui alguns pontos importantes:

Em primeiro lugar, *a definição do evangelho*. A palavra "evangelho" significa boas-novas. Boas-novas do céu à terra. Boas notícias de Deus aos homens. Boas-novas de salvação eterna; não apenas de bênçãos temporais. O evangelho trata do glorioso fato do amor de Deus aos pecadores indignos. Seu amor por nós é abundante, imerecido e provado. O evangelho é uma nova de grande alegria para todo povo. É a notícia mais auspiciosa e alvissareira entregue aos homens — a notícia de que o Salvador, o Messias, o Senhor, veio ao mundo para ser o nosso glorioso Redentor.

Em segundo lugar, *a natureza do evangelho*. O evangelho é o poder de Deus. Porque Deus é Onipotente, o evangelho também o é em sua essência. Ninguém pode resistir ao poder de Deus. Sua vontade é soberana. É impossível deter Sua mão Onipotente. O evangelho, porém, não é o poder que destrói, mas o poder que salva. É o poder dirigido a resgatar o perdido pecador. É o poder destinado a tirar das trevas aqueles que estavam imersos em densa escuridão. É o poder de perdoar pecadores indignos e fazer deles vasos de honra para Deus.

Em terceiro lugar, *o propósito do evangelho*. O evangelho é o poder de Deus para a salvação. Não há possibilidade de o pecador ser salvo, exceto pelo poder do evangelho. O evangelho está centrado na pessoa e na obra

## PREGAÇÃO TRANSFORMADORA

de Cristo. Ninguém pode ser reconciliado com Deus senão por meio de Jesus, pois Ele é o único Mediador entre Deus e os homens. Ninguém pode ter acesso a Deus, exceto por Jesus, pois Ele é a porta do céu e o caminho para Deus. Não há salvação em nenhum outro nome dado entre os homens, exceto o nome de Jesus. Aquele que, arrependido de seus pecados, põe sua confiança em Jesus é salvo; esse tem a vida eterna.

Em quarto lugar, *o instrumento de apropriação das bênçãos do evangelho*. O evangelho é o poder de Deus para a salvação de todo aquele que crê. A salvação é pela graça, mediante a fé. A graça é a causa meritória, e a fé, a causa instrumental. Tomamos posse da salvação pela graça, por meio da fé. Todo aquele que crê é salvo, e só aquele que crê. O evangelho não é o poder de Deus para a salvação dos descrentes, mas apenas para os que creem e só para aqueles que creem. Fora da fé em Jesus não há salvação.

Em quinto lugar, *o alcance do evangelho*. O evangelho é o poder de Deus para a salvação de todo aquele que crê, primeiro do judeu e também do grego. Isso significa que o evangelho é universal em seu alcance. Por meio dele, Deus chama aqueles por quem Cristo morreu, procedentes de toda tribo, língua, povo e nação. Judeus e gentios, homens e mulheres, velhos e crianças, ricos e pobres, doutores e analfabetos, todos enfim que creem em Cristo são salvos.

Em sexto lugar, *a nobreza do evangelho*. Diante da sublimidade do evangelho, Paulo escreve: *Pois não me envergonho do evangelho...* Há alguns que se envergonham do evangelho; há outros que são a vergonha do evangelho; mas nós devemos nos gloriar no evangelho e dele jamais nos envergonhar. Devemos viver pelo evangelho e para o evangelho. Devemos sofrer e morrer pelo evangelho. Devemos pregar o evangelho. O evangelho é o nosso maior tesouro, o nosso maior legado, a nossa maior alegria!

# 72

# QUÃO GLORIOSO
# É O NOSSO REDENTOR!

### (Hebreus 1:1-4)

A carta aos Hebreus é considerada o quinto evangelho, pois, se os quatro evangelhos falam do que Cristo fez na terra, Hebreus fala do que Cristo continua fazendo no céu. Essa epístola enfatiza a superioridade de Cristo em relação aos profetas, aos anjos, a Moisés, a Josué e a Arão. Seu sacrifício foi melhor, e a aliança que Ele estabeleceu em Seu sangue é superior. Logo no introito de Hebreus, o autor ressalta a grandeza incomparável de Jesus, elencando sete de seus gloriosos predicados:

Em primeiro lugar, *Jesus foi constituído por Deus como o herdeiro de todas as coisas* (Hebreus 1:2). ... *a quem constituiu herdeiro de todas as coisas...* É claro que o autor não está tratando de seu estado eterno junto com o Pai, pois sempre teve glória plena antes que houvesse mundo. Fala, entretanto, de uma herança que recebeu como resultado de Seu sacrifício vicário. Em virtude de o Filho ter se encarnado, morrido e ressuscitado para remir Seu povo, a Ele são dadas, como herança, todas as coisas.

Em segundo lugar, *Jesus foi o criador do universo* (Hebreus 1:2). ... *pelo qual também fez o universo.* O universo não surgiu espontaneamente nem foi produto de uma evolução de milhões e milhões de anos. A matéria não é eterna. Só Deus o é. O universo foi criado, e isso a ciência prova. Mas pela fé entendemos que o universo foi criado por Deus, por intermédio de seu Filho. Desde os mundos estelares até o homem, obra-prima da criação; desde os anjos até o menor dos seres vivos que rasteja pela terra, que voa pelo ar ou que percorre as sendas dos mares, tudo saiu das mãos do Filho de Deus. Tudo foi feito por Ele, e sem Ele nada do que foi feito se fez. Ele criou todas as coisas, as visíveis e as invisíveis. Do nada Ele tudo criou, com poder e sabedoria.

PREGAÇÃO TRANSFORMADORA

Em terceiro lugar, *Jesus é o resplendor da glória de Deus* (1:3). *Ele, que é o resplendor da glória...* A glória não é um atributo de Deus, mas o somatório de todos eles, em sua expressão máxima. Jesus encerra em si mesmo todo o resplendor dessa glória divina. Ele é a manifestação plena e final de Deus. Nele habita corporalmente toda a plenitude da divindade. Vemos Deus em Sua face. Quem vê Jesus, vê a Deus, pois Ele tem a mesma essência, os mesmos atributos e realiza as mesmas obras.

Em quarto lugar, *Jesus é a expressão exata do ser de Deus* (Hebreus 1:3). *... e a expressão exata do seu Ser...* Deus é espírito, portanto não podemos contemplá-lo. Deus é tão santo e glorioso que até os serafins cobrem o rosto diante de sua majestade. Jesus, porém, sendo Deus, se fez carne e habitou entre nós, cheio de graça e de verdade, e vimos a Sua glória, glória como do Unigênito do Pai. Se quisermos saber como é Deus, devemos olhar para Jesus. Se quisermos saber quão belo, santo e amoroso é Deus, devemos olhar para Jesus. Ele disse: *Quem vê a mim, vê o Pai, pois eu e o Pai, somos um* (v. João 14:9; 10:30). Jesus é a exegese de Deus!

Em quinto lugar, *Jesus é o sustentador do universo* (Hebreus 1:3). *... sustentando todas as coisas pela palavra do seu poder...* Jesus não apenas criou todas as coisas, mas sustenta todas elas, pela palavra do Seu poder. É Ele quem mantém o universo em equilíbrio. É Ele quem mantém as galáxias em movimento. É Ele quem dá coesão, ordem e sentido a este vastíssimo e insondável universo com mais de 93 bilhões de anos-luz de diâmetro. É Ele quem espalha as estrelas no firmamento e conhece cada uma delas pelo nome. O universo não se mantém fora de Sua providência nem sobrevive sem Seu governo.

Em sexto lugar, *Jesus é o Sumo Sacerdote que fez a purificação dos pecados* (Hebreus 1:3). *... depois de ter feito a purificação dos pecados...* Jesus é o grande Sumo Sacerdote, que, sendo perfeito, ofereceu um sacrifício perfeito, o Seu próprio sangue, para purificar-nos do pecado. Os animais mortos foram varridos do altar, porque Jesus ofereceu um único e eficaz sacrifício para remir-nos e purificar-nos.

Em sétimo lugar, *Jesus é o Rei que foi exaltado por Deus* (Hebreus 1:3). *... assentou-se à direita da Majestade, nas alturas.* Jesus é o Profeta por quem Deus encerrou a Sua revelação. É o Sumo Sacerdote que ofereceu a Si mesmo como sacrifício perfeito. É o Rei glorioso que está assentado à mão direita de Deus, de onde governa a Sua igreja, as nações e o próprio universo, e de onde vai voltar, gloriosamente, para buscar a Sua igreja. Oh, quão glorioso é o nosso Redentor!

# 73

# A QUEM DEVEMOS FAZER O BEM?

(Lucas 10:25-37)

A parábola do bom samaritano traz em seu bojo três filosofias de vida. Jesus conta essa parábola para responder aos seus críticos acerca de quem é o nosso próximo, a quem devemos amar e servir. Ao fazê-lo, destaca três ações ainda praticadas em nossos dias:

Em primeiro lugar, *a crueldade*. Os salteadores, de espreita, roubaram um homem que descia de Jerusalém para Jericó, tomaram seus bens e o espancaram, deixando-o semimorto à beira do caminho. Esses agem com crueldade. Não respeitam a vida nem os bens do próximo. São desumanos e perversos. São ladrões, cujo propósito é roubar, matar e destruir. Fazem do próximo um alvo de ataque. Para alcançar seus intentos malignos, atentam contra aqueles que não lhes oferecem qualquer perigo. São monstros debaixo de pele humana. São feras que espreitam suas vítimas e atacam-nas impiedosamente para saquear seus bens e tirar-lhes a vida. As nossas cidades ainda estão povoadas por esses criminosos que roubam, assaltam e matam o próximo sem qualquer pudor ou compaixão.

Em segundo lugar, *a indiferença*. O sacerdote e o levita passaram pelo homem ferido à beira da estrada e nada fizeram por ele. Viram o seu drama e não se compadeceram. Tiveram oportunidade de socorrer o aflito e não se envolveram. Apegados aos seus rituais sagrados, não quiseram se contaminar. Com medo das consequências, não quiseram se aproximar. Esses religiosos zelosos de suas crenças agiram com indiferença. Fecharam o coração ao aflito e encolheram as mãos para a prática do bem. Estavam mais preocupados com seus rituais sagrados do que com o socorro a um homem ferido, no estertor da morte. Muitos ainda hoje buscam razões teológicas

PREGAÇÃO TRANSFORMADORA

para não socorrer os necessitados. Posam de mestres da ortodoxia, passando de largo dos feridos à beira do caminho. Não querem se contaminar. Preferem não se envolver e ainda condenam aqueles que estendem a mão ao aflito. Oh, como a religiosidade desprovida de compaixão pode tornar homens empoleirados no poder eclesiástico em corifeus da indiferença! Oh, como esses, em nome de Deus, contrariam os preceitos divinos, que nos ordenam a dar pão a quem tem fome, a dar água a quem tem sede e a amar até mesmo os nossos inimigos!

Em terceiro lugar, *a compaixão*. O samaritano era odiado pelos judeus, mas, ao ver um homem ferido, caído à beira da estrada, parou, compadeceu-se, pensou em suas feridas, tirou-o do lugar de perigo, levou-o para uma hospedaria e tratou dele. Esse samaritano não buscou subterfúgios para se omitir, mas arriscou-se para socorrer. Seu amor ao próximo não era floreado nos eruditos discursos do templo, mas era praticado nas vielas da vida, onde os aflitos carecem de uma mão estendida. Amar a quem nos ama é praticar apenas a justiça dos escribas e fariseus. Amar apenas de palavras é adotar uma religiosidade teórica, vazia e morta. Quem ama, age. Quem ama, faz. Quem ama, se envolve. Quem ama, socorre. Quem ama, não cria motivos para não fazer, antes encontra sobejas razões para ir lá fora onde as pessoas estão a fim de levar-lhes a esperança da salvação e o amor do Salvador. O próximo daquele homem ferido à beira do caminho não foi o sacerdote nem o levita, mas o samaritano que o socorreu. Socorreu-o enfrentando riscos de também ser atacado. Socorreu-o e investiu nele o seu tempo. Socorreu-o e investiu nele o seu dinheiro. Socorreu-o e investiu nele a sua vida. Socorreu-o apesar de ser desprezado pelos judeus. O amor não é um discurso bonito num invólucro de desculpas. O amor é o coração aberto ao ferido. O amor é a mão estendida ao aflito. O amor é o bolso aberto para ajudar o necessitado. O amor é a casa aberta para acolher o desamparado. O amor não vive prisioneiro entre quatro paredes, mas sai e vai lá fora onde as pessoas estão, a fim de socorrê-las!

# 74

# SALMO 91:
# O PODEROSO LIVRAMENTO DE DEUS

## (Salmos 91:1-16)

O Salmo 91 é o texto clássico do livramento divino. Muitos o usam de forma mística, sem qualquer proveito para a alma. Nós, porém, devemos nos deter nas promessas de Deus aqui exaradas. Quais são os privilégios que temos em Deus?

Em primeiro lugar, *temos uma habitação plenamente segura* (Salmos 91:1,2). Habitamos no esconderijo do Altíssimo e descansamos sob a sua sombra. Deus mesmo é o nosso refúgio. Ele mesmo é o nosso baluarte, a nossa torre de proteção. Estamos nele. Guardados por Ele. Ele nos cobre por todos os lados.

Em segundo lugar, *temos livramento do laço do passarinheiro* (Salmos 91:3a). O laço do passarinheiro é uma armadilha para laçar os pés. Nessa armadilha, há uma isca aparentemente vantajosa que atrai o pássaro, mas, quando ele voa para ela em busca de algo que lhe oferece vantagem e prazer, descobre que foi aprisionado. Deus é quem livra os nossos pés da queda e nos afasta dessas armadilhas de morte.

Em terceiro lugar, *temos livramento da peste perniciosa* (Salmos 91:3b). A peste perniciosa é uma doença endêmica que assola e mata. Vem como uma onda devastadora. Nenhum castelo, por mais seguro, a mantém do lado de fora. Somente Deus pode nos livrar dessa onda de morte. Somente Deus pode nos proteger dos perigos invisíveis que nos rodeiam.

Em quarto lugar, *temos uma proteção amorosa e eficaz* (Salmos 91:4). Quando uma galinha percebe a chegada de uma tempestade, chama seus filhotes e os protege debaixo de suas asas. Deus, sendo Onipotente, ao ver as rajadas de vento e os perigos tenebrosos nos encurralando, nos atrai para debaixo de

## PREGAÇÃO TRANSFORMADORA

Suas asas. Quando andamos na Sua verdade, temos um escudo suficientemente poderoso para nos livrar de todos os dardos inflamados do maligno.

Em quinto lugar, *temos livramento dos terrores que assaltam a nossa alma* (Salmos 91:5). O terror noturno fala daqueles medos que nos assaltam a alma. São os medos que brotam do coração atormentado e sobem da alma angustiada. Nessas horas de escuridão, é Deus quem nos livra de atentarmos contra a nossa própria vida. Deus nos livra não apenas dos perigos invisíveis nas caladas da noite, mas também nos livra das ameaças reais que tentam nos atingir, como setas cheias de veneno, na correria da vida diurna.

Em sexto lugar, *temos livramento dos perigos visíveis e invisíveis* (Salmos 91:6). Há pestes que se propagam nas trevas e há mortandades que assolam ao meio-dia. Somos impotentes para enfrentar ambos os riscos. Nenhuma posição social pode nos blindar. Nenhum conhecimento, por mais robusto, pode nos proteger. Somente Deus pode nos guardar desses perigos reais, mas tantas vezes invisíveis.

Em sétimo lugar, *temos um livramento singular* (Salmos 91:7,8). Aqueles que buscam abrigo em Deus, veem a morte assolando ao seu lado, mas são preservados milagrosamente por Ele. A nossa vitória não decorre das nossas forças nem das nossas estratégias; vem de Deus!

Em oitavo lugar, *temos nossa casa protegida de toda praga* (Salmos 91:9,10). Quando fazemos de Deus a nossa morada, Deus vem morar em nossa casa, protegendo-nos de todo mal e de toda praga. Os homens maus podem até urdir contra nós e lançar sobre nós suas maldições, mas essas imprecações venenosas não chegam à nossa tenda, porque Deus nos livra de todas elas.

Em nono lugar, *temos o ministério dos anjos em nosso favor* (Salmos 91:11-13). Os anjos são ministros de Deus que trabalham em nosso favor. Eles nos guardam e nos livram. Quando andamos em todos os caminhos de Deus, os anjos nos sustentam e nos livram de tropeços. Mesmo que as víboras mais sutis e venenosas como a áspide nos ataquem ou mesmo que os leões ferozes com seus rugidos apavorantes nos ameacem, prevaleceremos.

Em décimo lugar, *temos as promessas de Deus asseguradas* (Salmos 91:14-16). Aqueles que se apegam a Deus com amor têm de Deus a promessa do livramento. Aqueles que conhecem o nome de Deus são colocados a salvo. Aqueles que invocam a Deus recebem de Deus a resposta. Mesmo que a angústia chegue, a esses Deus dá Sua presença, Seu livramento e Sua recompensa de vida longa na terra e salvação eterna!

168

# 75

# SANTOS
# NA CASA DE CÉSAR

(Filipenses 4:22)

Os planos humanos podem ser frustrados, mas os de Deus jamais. Paulo planejava chegar a Roma para ministrar àquela igreja e dali ser enviado à Espanha, mas ele chegou a Roma preso e algemado. Sua prisão, entretanto, não frustrou os planos de Deus. Paulo, compreendendo isso, declarou que, em virtude de sua prisão em Roma, três coisas aconteceram: a igreja foi mais encorajada a pregar; os membros da guarda pretoriana, a soldadesca de elite do imperador, tomou conhecimento de suas cadeias em Cristo; e, por estar com sua liberdade restringida, escreveu cartas às igrejas de Éfeso, Filipos e Colossos. Além disso, escreveu uma carta a Filemom. Essas joias preciosas são textos canônicos que têm abençoado o povo de Deus ao longo dos séculos.

No final de sua carta aos Filipenses, Paulo faz uma saudação sucinta e menciona os santos da casa de César. Essa informação enseja-nos algumas preciosas lições:

Em primeiro lugar, *não é o lugar que faz o homem, mas é o homem quem faz o lugar.* Paulo não estava livre como planejava para fazer a obra de Deus. Mesmo preso, porém, entendeu que o plano de Deus estava em curso. Por isso, sempre compreendeu que era um embaixador em cadeias e um prisioneiro de Cristo. Ele transformou sua prisão em campo missionário. No tempo em que permaneceu preso em Roma em sua primeira prisão, estando algemado a um soldado em três turnos por dia, durante dois anos, evangelizou toda a guarda pretoriana, a guarda de escol do imperador romano. Eram dezesseis mil soldados da mais alta patente do Império. Se Paulo estivesse solto, jamais teria alcançado essa elite militar de Roma. Longe do velho

## PREGAÇÃO TRANSFORMADORA

apóstolo ficar amargurado com a circunstância carrancuda, transformou-a numa promissora oportunidade para proclamar o evangelho, mesmo entre algemas.

Em segundo lugar, *nenhum lugar ou pessoa está fora do alcance da graça de Deus*. A casa de César era um antro de corrupção. Seu palácio era um reduto de intrigas e paixões infames. Nero era um homem devasso e violento. Sua crueldade levou-o a assassinar a própria mãe. É nesse ambiente hostil que muitos serviçais do palácio foram convertidos a Cristo. É nesse deserto de virtudes que o evangelho resgatou pessoas da garganta do inferno. É nesse canteiro de malquerenças e devassidão moral que pessoas foram libertas, transformadas e salvas pela graça. O evangelho é o poder de Deus para salvar. Salva homens e mulheres, ricos e pobres, doutores e analfabetos, pessoas aplaudidas pela sociedade e também aquelas que estão mergulhadas no caudal da mais tosca e repugnante depravação moral.

Em terceiro lugar, *não existem pessoas descartáveis para Deus*. Na casa de César, havia eleitos de Deus, que tinham sido chamados pelo evangelho, lavados no sangue do Cordeiro e transformados em novas criaturas. Não existem pessoas irrecuperáveis para Deus. Não existe lata de lixo no reino de Deus. Há santos na casa de César. Há convertidos a Cristo nos lugares mais improváveis da terra. A Palavra de Deus é poderosa para vencer as maiores barreiras geográficas, linguísticas, culturais e raciais. O poder do evangelho vai além das possibilidades e probabilidades humanas.

Em quarto lugar, *aqueles que são salvos por Cristo pertencem à única igreja verdadeira*. Os santos da casa de César saúdam os irmãos de Filipos. Eles não se conheciam, mas faziam parte da mesma família. A geografia não podia separá-los. Hoje, estamos divididos em diferentes denominações religiosas. Mas só existe uma igreja verdadeira. Esta é formada por todos aqueles que foram eleitos por Deus na eternidade, por quem Cristo morreu na cruz, que foram chamados pelo santo evangelho, creram no nome do Unigênito Filho de Deus e foram selados com o Espírito Santo da promessa. Somos uma só igreja, um só rebanho, um só corpo!

# 76

# SEM PODER, NÃO HÁ EFICÁCIA NA PREGAÇÃO

## (Lucas 24:44-49)

A Reforma Protestante restabeleceu na igreja a supremacia das Escrituras e a primazia da pregação. É sobre esse momentoso assunto que abordaremos agora. O evangelista Lucas encerra seu primeiro livro (o evangelho) tratando da grande comissão. Jesus deixou claro aos discípulos que eles deveriam, em Seu nome, pregar arrependimento para remissão de pecados a todas as nações, começando por Jerusalém (Lucas 24:47). Em seguida, mostra a necessidade da capacitação de poder para pregarem: *Eis que envio sobre vós a promessa de meu Pai; permanecei, pois, na cidade, até que do alto sejais revestidos de poder* (Lucas 24:49). Lucas começa seu segundo livro (Atos dos Apóstolos) retomando o assunto da grande comissão e mostrando mais uma vez a necessidade do revestimento do poder do Espírito Santo: *Mas recebereis poder ao descer sobre vós o Espírito Santo, e sereis minhas testemunhas tanto em Jerusalém como em toda a Judeia e Samaria e até aos confins da terra* (Atos 1:8). Não há missão sem pregação, e não há pregação sem poder. Não há testemunho eficaz sem o poder do Espírito Santo. Primeiro a igreja é revestida de poder; em seguida, prega com eficácia. Quatro lições podem ser aprendidas do texto acima:

Em primeiro lugar, *o conteúdo da pregação* (Lucas 24:47). A mensagem que a igreja deve pregar não é de prosperidade nem de milagres, mas do arrependimento para a remissão de pecados. A menos que o homem reconheça que é pecador, jamais sentirá falta do Salvador. Só os doentes reconhecem que precisam de médico. Sem arrependimento, não há perdão de pecados. Oh, que Deus abra os nossos olhos para o conteúdo da grande comissão!

Em segundo lugar, *o alcance da pregação* (Lucas 24:47). Lucas diz que a igreja deve pregar arrependimento para remissão de pecados a todas as

## PREGAÇÃO TRANSFORMADORA

nações. O evangelho deve ser pregado por toda a igreja, em todo o mundo, a todo o tempo. Nenhuma visão que não abarque o mundo inteiro é a visão de Deus, pois o Seu Filho morreu para comprar com o Seu sangue aqueles que procedem de toda tribo, língua, povo e nação (Apocalipse 5:9). Embora a pregação tenha começado em Jerusalém, não foi destinada apenas ao povo judeu, mas a todas as etnias da terra.

Em terceiro lugar, *o compromisso com a pregação* (Lucas 24:48; Atos 1:8). Tanto no evangelho como no livro de Atos, Lucas enfatiza que os pregadores são testemunhas (Lucas 24:48; Atos 1:8). Quem prega a palavra deve falar do que ouviu, do que viu e do que experimentou. Não é uma mensagem divorciada de sua vida. A vida do pregador está inalienavelmente comprometida com a mensagem que ele proclama. Por essa mensagem, ele vive e morre. Muitas vezes, ele sela com o seu sangue a mensagem que anuncia. Todos os apóstolos de Jesus foram mártires dessa mensagem, exceto João, que foi exilado na ilha de Patmos. Ainda hoje, muitas testemunhas adubam o solo para a semente do evangelho com o próprio sangue!

Em quarto lugar, *a capacitação para a pregação* (Lucas 24:49; Atos 1:8). No evangelho, Lucas fala da promessa do Pai. Em Jerusalém, os discípulos deviam aguardar a promessa do Pai, o revestimento de poder, com uma espera obediente, perseverante e cheia de expectativa. Em Atos, Lucas fala que, só depois de receberem poder com a descida do Espírito Santo sobre eles, é que seriam testemunhas até os confins da terra. Com isso, Lucas está ensinando que a capacitação precede a ação. O revestimento de poder precede a pregação do arrependimento para remissão de pecados. Não há pregação eficaz sem revestimento de poder. Primeiro, a igreja recebe poder do alto para, em seguida, cumprir a missão. Antes de Jesus enviar a igreja ao mundo, Ele enviou o Espírito Santo a ela. Hoje temos negligenciado tristemente essa busca de poder. Substituímos o poder do Espírito pelos nossos métodos. Pregamos belos sermões, mas vazios de poder. Usamos os recursos mais modernos da comunicação, mas não alcançamos os corações. Fazemos muita trovoada, mas não há sinal da chuva restauradora. Oh, que Deus nos faça entender que há tempo para esperar e tempo para agir! Tempo para ser revestido pelo poder do Espírito e tempo para pregar com gloriosos resultados!

# 77

# SETE ESTÁGIOS NA VIDA DE UM HOMEM DE DEUS

## (1Reis 17:1-24)

O profeta Elias foi um homem poderosamente usado por Deus. Exerceu o seu ministério no período mais sombrio da história de Israel. Corajosamente confrontou o rei Acabe, os profetas de Baal e o povo apóstata de Israel. Sua vida pode ser resumida em sete estágios.

Em primeiro lugar, *Elias no palácio confrontando o rei*. Elias, sendo um homem desconhecido, de uma família desconhecida, começa o seu ministério pregando para o rei, no palácio do rei, trazendo uma mensagem de juízo da parte de Deus. Elias entrega uma poderosa mensagem nas altas cortes de Israel, com o propósito de desbancar a credibilidade de Baal, o deus cananeu, que estava sendo adorado pelo rei e seus súditos.

Em segundo lugar, *Elias no deserto sendo tratado por Deus*. Depois que Elias anuncia o juízo de Deus sobre Israel: uma severa seca de três anos e meio; Deus o envia ao deserto, onde o sustenta milagrosamente. O deserto não foi um acidente de percurso na vida de Elias, mas estava na agenda de Deus. No deserto, Deus tratou com ele, antes de usá-lo. Deus está mais interessado em quem nós somos do que no que fazemos. Vida com Deus precede trabalho para Deus. Também, no deserto, Elias aprendeu a depender mais do provedor que da provisão.

Em terceiro lugar, *Elias na fornalha sendo moldado por Deus*. Deus ordenou a Elias sair do deserto para ir a Sarepta, a fim de ser sustentado por uma mulher viúva que estava prestes a morrer de fome. A palavra "Sarepta" significa "fornalha, cadinho". O fogo de Deus, entretanto, não nos destrói, apenas nos purifica. Na fornalha de Deus, somos forjados antes de ser usados

# PREGAÇÃO TRANSFORMADORA

por Ele. Sair de Querite, no deserto, para atravessar a fronteira de Israel rumo a Sarepta, era correr o risco de ser morto pela polícia do rei Acabe. Mas o Deus que envia é o mesmo que protege. Em Sarepta, Elias viu Deus multiplicando o azeite e a farinha da viúva e também viu Deus trazendo à vida o seu filho morto. Deus realiza tanto os milagres extraordinários como supre as necessidades ordinárias da vida. Para Deus não há impossíveis.

Em quarto lugar, *Elias no Carmelo lutando contra os deuses falsos*. Deus preparou Elias três anos e meio para usá-lo num único dia no monte Carmelo. Ali Elias confrontou Acabe, o rei de Israel, chamando-o de perturbador. Também confrontou o povo, que coxeava entre dois pensamentos. Por fim, confrontou os profetas de Baal, chamando-os para um desafio. O mesmo Elias que havia orado para Deus reter as chuvas ora, agora, para Deus enviar fogo e provar que somente o Senhor é Deus.

Em quinto lugar, *Elias no topo da montanha lutando com o Deus verdadeiro*. Depois que Elias triunfa sobre os profetas de Baal, tirando-os do caminho, ele sobe para o alto do monte e ali, com o rosto em terra, luta com Deus, clamando pelas chuvas restauradoras. Elias ora com humildade, intensidade e perseverança, e as torrentes abençoadoras caem sobre a terra seca para engrinaldá-la de flores e frutos.

Em sexto lugar, *Elias na caverna da depressão sendo curado por Deus*. Após sua retumbante vitória no monte Carmelo, Elias recebe ameaça de morte da perversa rainha Jezabel. Ele teme, foge e se esconde numa caverna, depressivo, desejando a morte. Elias fraquejou ao desviar os olhos de Deus para as circunstâncias. Elias desejou a morte quando imaginou que não havia mais perspectiva de futuro. Deus, porém, tratou de Elias, alimentou-o, colocando-o para dormir e ainda ordenando-lhe sair da caverna para o exercício de um ministério estratégico.

Em sétimo lugar, *Elias no Jordão a caminho do céu*. Depois que cumpriu todo o propósito de Deus em sua vida, Elias foi trasladado e arrebatado ao céu. Uma carruagem de fogo, com cavalos de fogo, o apanhou, e num redemoinho ele foi levado ao céu. Elias foi um homem de Deus, um profeta em cuja boca a Palavra de Deus sempre foi a verdade. Ele foi um homem de oração, um servo fiel e obediente, que cumpriu cabalmente o seu ministério.

# 78
## SIMPLESMENTE OBEDEÇA!

(Gênesis 12:1-4)

A fé não é cega, pois está edificada sobre Deus. Por isso, a fé não discute, apenas obedece. Abraão foi chamado de o pai da fé e ele demonstrou essa verdade em sua vida. A fé em Deus é provada pela obediência. Não somos o que falamos nem o que sentimos. Somos o que fazemos. Destacaremos aqui três episódios na vida de Abraão:

Em primeiro lugar, *Abraão sai de sua terra para ir para uma terra que Deus lhe mostraria*. Abraão não discutiu com Deus, não avaliou os riscos nem adiou a decisão. Simplesmente obedeceu. Tinha 75 anos quando começou uma nova empreitada em sua vida, movido pela fé. Precisava romper laços, deixar para trás sua terra, seu povo, sua cultura, sua religião. Movido, entretanto, pela confiança em Deus, obedece sem tardança, para formar uma nação e ser o pai de uma grande multidão. A fé é certeza e convicção. Não está edificada sobre sentimentos, mas sobre a maior de todas as realidades, o caráter de Deus. Você tem obedecido a Deus? Tem andado pela fé? Tem descansado no cuidado divino? Onde está a sua segurança: em sua nação, em sua família, em sua cultura, em seus bens? Ponha os olhos em Deus e viva pela fé!

Em segundo lugar, *Abraão, sendo o líder da família, dá a Ló a liberdade de escolha.* Houve um conflito entre os pastores de Abraão e os pastores de Ló. Não podiam mais viver em harmonia. Abraão poderia ter despedido Ló, mas deu a ele a liberdade de escolher para onde queria ir. Ló escolheu as campinas verdejantes e deixou para Abraão os lugares secos. A confiança de Abraão não estava na geografia de suas terras, mas em Deus. Não confiava na provisão, mas no provedor. Não tinha os olhos postos nos campos da terra, mas no Senhor do céu. Foi nesse momento que Deus prometeu dar

PREGAÇÃO TRANSFORMADORA

a ele tudo quanto podia avistar no norte e no sul, no leste e no oeste. Mais tarde, Ló foi capturado e levado cativo pelos reis daquela terra e Abraão não hesitou em sair em sua defesa. Enfrentou riscos para salvar o sobrinho e sua família. Obteve retumbante vitória. Foram-lhe oferecidos despojos, mas Abraão recusou. Ele não queria nenhuma riqueza que não viesse das mãos do próprio Deus, porque não focava a recompensa dos homens, mas a dádiva de Deus. As coisas materiais não seduziam o coração desse homem, cujo coração estava em Deus.

Em terceiro lugar, *Abraão atende* à *voz de Deus e oferece a Ele seu filho amado*. Abraão abriu mão de sua terra, de seus bens e, agora, abre mão de seu filho, Isaque. Deus ordena a Abraão ir ao monte Moriá para ali oferecer Isaque em holocausto. Abraão não argumenta com Deus nem adia a viagem de três dias rumo ao monte do sacrifício. Aquele supremo sacrifício era para o pai da fé um ato de adoração. Havia no seu coração a plena convicção de que Deus providenciaria um cordeiro para o sacrifício. Acreditava até mesmo que Deus poderia ressuscitar seu filho. Sua fé não é vacilante. Sua confiança é inabalável. Seus olhos não estão nas circunstâncias nem depende de seus sentimentos. Abraão tem os olhos em Deus e vive pela fé. Renuncia a tudo por Deus. Entrega tudo a Deus. Confia plenamente em Deus. Então, Deus poupa seu filho, providencia um substituto para o holocausto e amplia ainda mais Suas promessas e bênçãos a esse veterano da fé. Oh, que Deus nos faça conhecê-lo na intimidade! Que Deus nos capacite a viver nessa absoluta dependência! Que tenhamos total desapego das coisas para dependermos plenamente de Deus! Que tenhamos a coragem de entregar tudo a Deus, inclusive a nossa vida, os nossos bens, a nossa família, os nossos filhos, o nosso futuro. Deus jamais desampara aqueles que nele esperam. Ele jamais fica em dívida com aqueles que nele confiam. Em Deus podemos confiar!

# 79

# RECONCILIAÇÃO:
# OBRA DA GRAÇA DE DEUS

### (2Coríntios 5:18-21)

A doutrina da reconciliação é uma das verdades mais gloriosas da fé cristã. O apóstolo Paulo tratou desse magno assunto em sua segunda carta aos Coríntios (2Coríntios 5:18-21). O texto em referência mostra a necessidade da reconciliação (2Coríntios 5:19), o autor da reconciliação (2Coríntios 5:18), o agente da reconciliação (2Coríntios 5:18,19), a base da reconciliação (2Coríntios 5:19,21) e a oferta da reconciliação (2Coríntios 5:19,20). No bojo dessa bendita doutrina, o apóstolo Paulo faz três afirmações muito preciosas, que se nos apresentam como três verdades nucleares da fé cristã. Vejamos quais são:

Em primeiro lugar, *para reconciliar-nos consigo mesmo, Deus não pôs a nossa dívida em nossa conta*. Paulo escreve: *A saber, que Deus estava em Cristo reconciliando consigo o mundo, não imputando aos homens as suas transgressões...* (2Coríntios 5:19). A Escritura diz que todos pecaram e destituídos estão da glória de Deus. Somos devedores, e a nossa dívida com Deus é impagável. Jamais poderíamos saldar essa dívida. Pecamos contra Deus por palavras, por obras, por omissão e por pensamentos. O pecado atingiu todas as áreas da nossa vida: razão, emoção e vontade. O pecado maculou o nosso corpo e a nossa alma. O pecado é malianíssimo aos olhos de Deus. Sendo Deus santo, santo, santo, Ele não pode contemplar o mal. Sua justiça exige a completa punição do pecado, e o salário do pecado é a morte. Se Deus lançasse em nossa conta a nossa imensa dívida, estaríamos irremediavelmente perdidos. A palavra "imputação" significa "pôr na conta de". Uma vez que o pecado é considerado uma dívida, Deus não pôs essa dívida em nossa conta.

Em segundo lugar, *para reconciliar-nos consigo mesmo, Deus pôs a nossa dívida na conta de Jesus, o Seu Filho*. Paulo registra: *Aquele que não conheceu pecado, ele o fez*

## PREGAÇÃO TRANSFORMADORA

*pecado por nós...* (2Coríntios 5:21a). Em vez de Deus lançar os nossos pecados sobre nós, lançou-os sobre o Seu Filho. O profeta Isaías diz: ... *mas o SENHOR fez cair sobre ele* [Jesus] *a iniquidade de nós todos* (Isaías 53:6). O apóstolo Pedro, nessa mesma linha de pensamento, diz: *Carregando ele mesmo em seu corpo, sobre o madeiro, os nossos pecados...* (1Pedro 2:24). O apóstolo João registra a penúltima palavra de Jesus na cruz. Foi um brado de vitória e triunfo: *Está consumado!* (João 19:30). Essa expressão significa "está pago!". O apóstolo Paulo é enfático: *Tendo cancelado o escrito de dívida, que era contra nós e que constava de ordenanças, o qual nos era prejudicial, removeu-o inteiramente, encravando-o na cruz* (Colossenses 2:14). A dívida que não foi posta em nossa conta e transferida para a conta de Jesus foi completamente paga não com ouro ou prata, mas com o sangue precioso do bendito Filho de Deus.

Em terceiro lugar, *para reconciliar-nos consigo mesmo, Deus pôs em nossa conta a plena justiça de Jesus, o Seu Filho.* Paulo conclui: ... *para que nele* [Jesus], *fôssemos feitos justiça de Deus* (2Coríntios 5:21b). A reconciliação é edificada sobre o fundamento da justificação. A justificação é um ato único e soberano de Deus; não um processo. Não possui graus. Ao sermos justificados, estamos justificados plena e eternamente. A justificação é mais do que perdão. No perdão, nossa dívida é cancelada. Na justificação, todo o crédito da justiça de Cristo é depositado em nossa conta. Pela justificação, estamos quites com a lei de Deus e com a justiça divina. A penalidade que deveríamos receber, Jesus, nosso fiador e representante, sofreu por nós. Agora, pois, já não há mais nenhuma condenação para aqueles que estão em Cristo Jesus, nosso Senhor. Na cruz, a justiça de Deus foi plenamente satisfeita. Na vida e na morte de Jesus, a lei foi cabalmente cumprida. Nós, que cremos no Filho de Deus, morremos com Cristo para o pecado e ressuscitamos com Ele para uma nova vida. Nós, que estávamos perdidos, fomos achados. Nós, que éramos inimigos de Deus, fomos reconciliados!

# 80

# UM CLAMOR
# PELA MISERICÓRDIA DIVINA

(Salmos 119:77)

O texto em consideração traz à baila o clamor de um homem aflito. A miséria, com sua carranca, o encurrala. Não vê uma janela de escape na terra, por isso clama aos céus por uma intervenção divina. Essa súplica pungente enseja-nos três lições:

Em primeiro lugar, *o clamor profundo de uma alma aflita.* — *Baixem sobre mim as tuas misericórdias...* Exercer misericórdia com alguém é lançar o coração em sua miséria. O salmista está tão aflito que roga a Deus não apenas Sua misericórdia, mas Suas misericórdias. Não suplica que elas venham sobre ele, mas que baixem até as suas profundezas. Misericórdia é o que Deus nos dá sem que o mereçamos. Merecemos o juízo, e Deus suspende o castigo e nos oferece graça e perdão. Misericórdia é quando nos sentimos ameaçados por nossos pecados e reconhecemos que nada merecemos senão a punição, mas então clamamos para que Deus suspenda o castigo e nos absolva da culpa. Oh, quantas vezes nos sentimos atormentados por circunstâncias e sentimentos! Nessas horas, precisamos clamar para que as misericórdias divinas baixem até nós. Quantas vezes somos esmagados pelo peso das nossas transgressões e precisamos rogar ao Pai que nos trate não segundo os nossos pecados, mas consoante às Suas muitas misericórdias.

Em segundo lugar, *o desejo intenso de uma alma perdoada.* — *... para que eu viva...* O pecado é maligníssimo, pois nos priva da comunhão com o abençoador e nos mantém longe da maior de todas as bênçãos, a comunhão com Deus. Longe de Deus reina a morte, pois Ele é a vida. Não há vida sem comunhão com Deus. Não há comunhão com Deus sem perdão. O salmista clama pelas misericórdias porque anseia pela presença de Deus, onde está

# PREGAÇÃO TRANSFORMADORA

a plenitude da vida e da alegria. É claro que a vida a que o escritor sagrado se refere é a vida espiritual. Há muitas pessoas que estão saudáveis fisicamente, mas mortas espiritualmente. Não anseiam por Deus. Não têm deleite nele. Vivem prisioneiras de seus pecados e ainda se refestelam neles. Estão insensíveis, cegas, surdas, mortas. Não receberam vida. O salmista anseia pela vida!

Em terceiro lugar, *uma declaração solene de uma alma adoradora.* — ... *pois na tua lei está o meu prazer.* O salmista roga pelas misericórdias a fim de voltar à vida. E voltar à vida significa deleitar-se na lei de Deus. Dwight L. Moody escreveu na capa de sua Bíblia: "Este livro afastará você do pecado ou o pecado afastará você deste livro". É impossível ter prazer na Palavra de Deus e no pecado ao mesmo tempo. Somente quando somos perdoados e libertos do pecado, temos intimidade com Deus; somente quando Deus é a razão e a maior aspiração da nossa vida é que temos prazer em sua lei. A Palavra de Deus é muito preciosa. Por ela nascemos, crescemos e somos fortalecidos. Ela é o nosso alimento e o nosso tesouro. O nosso mapa e o nosso guia. A nossa fonte de consolo e ensino. A nossa única regra de fé e prática. Nela está o nosso prazer. Por meio dela, conhecemos Deus e seus propósitos. Através dela, somos purificados e chegamos à maturidade cristã. Por meio dela, Deus, através da igreja, chama os seus escolhidos. É tempo de clamarmos pela manifestação das misericórdias divinas, para que haja na igreja prazer em Deus e deleite em Sua lei.

# 81

# UM CLAMOR
# POR REAVIVAMENTO

(Salmos 119:25)

O Salmo 119 é o mais longo capítulo da Bíblia. Todo ele está voltado para os efeitos benditos da Palavra de Deus em nossa vida. No versículo em referência, três fatos devem ser observados:

Em primeiro lugar, *o reavivamento é necessário quando a nossa alma está rendida à mais profunda tristeza.* — *A minha alma está apegada ao pó...* A tristeza é o cálice amargo que todos bebemos em doses maiores ou menores ao longo da vida. O salmista declara sua tristeza extrema ao dizer que sua alma está apegada ao pó. Está rendido a uma tristeza que vai além de circunstâncias adversas. Sua tristeza ressoa nas recâmaras de sua alma. Não consegue lugar de refúgio contra essa tristeza nem blindagem para a alma. Ao contrário, sua alma está apegada ao pó. Ainda temos muitas tristezas. Tristezas por realidades externas e internas. Tristezas por problemas gerais e pessoais. Tristezas pela nossa vida e pela nossa família. Tristezas pelas nossas enfermidades e pelas nossas fraquezas. Tristezas pelo nosso pouco desempenho na obra de Deus e pelos nossos pecados. Tristezas pela igreja e pela nação. Quando a tristeza nos fere e nos joga na lona ou no pó, então é hora de buscarmos de Deus um tempo de restauração, um reavivamento espiritual.

Em segundo lugar, *o reavivamento é necessário quando reconhecemos a nossa absoluta limitação e precisamos recorrer a Deus como o único que pode nos vivificar.* — *... vivifica-me...* Não podemos consolar a nós mesmos. Não podemos restaurar a nossa própria sorte. Não podemos colocar-nos de pé escorados em nosso próprio bordão. O reavivamento vem como resposta de oração. As torrentes do céu caem sobre a terra seca quando o povo de Deus tem sede de Deus. Só Deus pode enxugar as nossas lágrimas, curar as feridas do nosso coração,

## PREGAÇÃO TRANSFORMADORA

mudar a nossa sorte e vivificar a nossa alma. O reavivamento não é obra que emana da terra, mas uma intervenção soberana que procede do céu. O reavivamento não é agendado nem executado pelo braço da carne, mas uma ação extraordinária do Espírito Santo. Tanto a salvação como a restauração são obras de Deus. Ele é a fonte de onde emana a cura para a igreja. Dele vem a chuva restauradora da graça. Só Ele pode soprar o vento do Espírito Santo sobre o Seu povo. Só Deus pode consolar os tristes, levantar os abatidos, curar os enfermos, libertar os oprimidos e dar vida aos mortos. Só Deus pode reavivar a nossa alma e tirá-la do pó.

Em terceiro lugar, *o reavivamento é necessário quando temos consciência de que só através da Palavra Deus ergue a nossa alma do pó*. A Palavra de Deus estabelece os princípios e os limites da ação divina. Ele age de acordo com Sua Palavra, e não em oposição a ela. Ele honra a Sua Palavra e age consoante a ela. Não podemos nem devemos orar para que Deus manifeste o Seu poder restaurador à parte de Sua Palavra, pois Ele está aliançado com ela. A Palavra de Deus é o instrumento da nossa restauração. A nossa alma é arrancada do pó quando somos vivificados pela Palavra. Quando nos voltamos para a Palavra de Deus com o coração sedento, Deus se volta para nós com restauração plena. Quando oramos a Deus e buscamos sua Palavra, o reavivamento vem, trazendo-nos restauração. Quando Deus nos vivifica segundo a Sua Palavra, nossa alma é desapegada do pó para exaltarmos a Deus. Oh, que Deus derrame sobre nós esse poderoso avivamento!

# 82

# UMA NAÇÃO
# RENDIDA AO CRIME

## (Miqueias 7:3)

O texto de Miqueias 7:3 não foi extraído da *Folha de São Paulo* nem é uma citação do último telejornal. É uma menção feita pelo profeta há mais de dois mil e setecentos anos. Israel era uma nação rendida ao crime. Por não ter se arrependido, sofreu um amargo cativeiro, sob o látego dos caldeus. O Brasil segue à risca esse mesmo roteiro trágico. Vejamos:

Em primeiro lugar, *a maldade é praticada com diligência.* — *As suas mãos estão sobre o mal e o fazem diligentemente...* Não se trata apenas de tolerância ao erro, mas de uma inversão total de valores. Não se trata apenas de uma parcela da sociedade estar corrompida, mas esse levedo do mal fermentou toda a sociedade, de modo que todos estendem a mão para fazer o mal contra o próximo, e isso com diligência. O mal não é apenas praticado, mas praticado com planejamento rigoroso, com dedicação exclusiva.

Em segundo lugar, *os governantes tornam-se feitores do mal; não do bem.* — ... *o príncipe exige condenação...* Os governantes são ministros de Deus para a prática do bem e a proibição do mal. Eles devem servir ao povo em vez de se servirem do povo. São defensores do povo; não opressores dele. Aqui, no entanto, o príncipe está exigindo condenação. Está usando seu mandato para oprimir o povo; não para aliviar seu fardo. Quando os governantes, com desfaçatez, pervertem seu caráter, maculam sua honra, se rendem ao crime e oprimem o povo, tornam-se um pesadelo para a nação.

Em terceiro lugar, *os tribunais tornam-se agência de injustiça.* — ... *o juiz aceita suborno...* Os juízes deixam de julgar de acordo com a lei, para promover a injustiça. Julgam com parcialidade, para favorecer aos poderosos

PREGAÇÃO TRANSFORMADORA

e esmagar os fracos. Os juízes escondem a verdade, amordaçam a justiça, aviltam o direito, escarnecem da lei e dão sentenças por suborno. Por causa do amor ao dinheiro, as cortes deixam de ser o refúgio dos justos para ser o esconderijo dos criminosos.

Em quarto lugar, *os poderosos encontram caminho aberto para pôr em prática seus desejos perversos. — ... o grande fala dos maus desejos de sua alma...* Quando os poderes constituídos se capitulam ao crime e quando o Estado é domesticado para favorecer os fortes e oprimir os fracos, então os poderosos perdem o pudor e não escondem mais seus projetos iníquos. Sabem que praticarão delitos e escaparão do braço da lei. Sabem que seus crimes lhes trarão robustas recompensas. Sabem que, ainda que suas transgressões venham à baila, eles não serão exemplarmente punidos. O palácio, o parlamento e a corte, assim, deixam de ser a fortaleza da esperança do povo para tornar-se a sua maior ameaça. As riquezas que deveriam atender às necessidades do povo são desviadas, criminosamente, para atender aos interesses dos ricos e endinheirados. Enquanto os poderosos vivem refestelando-se em seu luxo extremo, o povo geme, abandonado, ao descaso extremo.

Em quinto lugar, *os defensores do povo se unem para oprimir ainda mais o povo. — ... e, assim, todos eles juntamente urdem a trama.* A trama não é urdida por aqueles que vivem ao arrepio da lei, nos subúrbios do crime, mas por homens togados, investidos de poder, mas sem nenhum coração. O crime não vem apenas dos porões escuros da marginalidade, mas sobretudo do palácio e do parlamento. O povo aturdido não tem a quem recorrer, pois há uma orquestração bem alinhada entre os poderosos para a transgredir sob o manto da lei. Aqueles que sobem à tribuna ou discursam nos tribunais, estadeando sua lealdade à Constituição, pisam-na. Aqueles que são escolhidos pelo povo, para servir ao povo, exploram-no. Aqueles que deveriam administrar os recursos públicos para o bem do povo, desviam-nos para atender à ganância dos poderosos. Aqueles que deveriam ser exemplo de integridade para o povo, como ratazanas esfaimadas, abocanham as riquezas da nação, deixando o povo à míngua. Cercados por essa horda de criminosos, só nos resta clamar Àquele que tudo vê, tudo sonda e a todos conhece. Nesse tempo de desesperança, é hora de buscarmos em Deus refúgio, unir a nossa voz à voz do profeta Miqueias e clamar: *Eu, porém, olharei para o Senhor e esperarei no Deus da minha salvação; o meu Deus me ouvirá* (Miqueias 7:7).

# 83

# UMA PODEROSA
# MUDANÇA NA VIDA

(Lucas 24:13-35)

O evangelista Lucas registra o importante episódio dos dois discípulos de Emaús que caminham sem esperança, mergulhados nas sombras de expectativas frustradas, até que reconhecem o Cristo ressurreto caminhando com eles, ensinando-lhes e tendo comunhão com Deus. Uma mudança profunda foi efetuada na vida deles. Que mudanças foram essas?

Em primeiro lugar, *olhos abertos pela exposição das Escrituras* (Lucas 24:26,27,31). Jesus revelou-se pelas Escrituras. Ele já havia ensinado: *Examinais as Escrituras, porque [...] são elas mesmas que testificam de mim* (João 5:39). Quando reconhecemos em nosso caminho que Jesus está vivo, não há mais espaço para preocupação (Lucas 24:17), tristeza (Lucas 24:17), desesperança (Lucas 24:21) e incredulidade (Lucas 24:25). O Cristo que tinha de padecer devia também entrar na glória. Cristo não foi derrotado pelo poder da morte, mas triunfou através dos sofrimentos e venceu a morte.

Em segundo lugar, *corações ardentes pela comunhão com o Cristo vivo* (Lucas 24:28,29,32). Quando temos comunhão com Jesus, o nosso coração arde e o fogo de Deus nos inflama. Há entusiasmo em nosso coração. O vento do Espírito sopra sobre nós e remove as cinzas do comodismo e reacende as brasas do zelo em nosso coração. Quando o coração arde, acabam a frieza espiritual e o marasmo. Então, estar na casa de Deus passa a ser alegria, orar é necessidade, louvar a Deus é prazer, andar com Jesus é o sentido da vida. Quando o nosso coração arde, a nossa vida se torna um graveto seco. Então, o fogo do Espírito arde em nós, iluminando-nos, purificando-nos, aquecendo-nos e alastrando-se através de nós.

PREGAÇÃO TRANSFORMADORA

Em terceiro lugar, *pés velozes para anunciar a ressurreição* (Lucas 24:33). Quem tem olhos abertos e coração ardente tem pés velozes para falar de Jesus. Os mesmos que fugiram de Jerusalém voltam agora para Jerusalém. Eles que disseram que já era tarde não se importam com os perigos da noite. Eles que deixaram o convívio com os outros discípulos voltam à companhia deles. Eles que conjugavam todos os verbos da esperança no passado, cheios de frustrações, agora têm pressa para testemunhar a gloriosa realidade da ressurreição. O futuro não é mais incerto, mas a garantia de uma eternidade vitoriosa.

Em quarto lugar, *lábios abertos para proclamar que Cristo está vivo* (Lucas 24:34,35). Nem a distância nem a noite os impedem. Eles voltam para ter comunhão e para proclamar que Jesus está vivo. Eles voltam para dizer que a morte não tem a última palavra. A última palavra é que Jesus venceu a morte. A tristeza não pode mais nos dominar. Caminhamos para o glorioso amanhecer da eternidade; não para a noite fatídica da desesperança. É impossível ter um encontro com o Cristo vivo e ainda permanecer calado e acovardado. O poder da ressurreição abre os nossos lábios para a pregação poderosa!

A ressurreição de Jesus abriu os olhos, aqueceu o coração, apressou os pés e abriu os lábios dos discípulos de Emaús. E em você, que tipo de impacto a ressurreição tem provocado? Como você tem caminhado pela vida? Tem você se encontrado com o Cristo ressurreto? O Senhor nos encontra nas angústias da caminhada. O Senhor nos encontra na exposição da Palavra de Deus. O Senhor nos encontra no partir do pão. Ele nos abre os olhos, a mente, o coração e os lábios.

# 84

# PLENITUDE DO ESPÍRITO: ORDEM DE DEUS, NECESSIDADE DA IGREJA

(Efésios 5:18)

Paulo, o apóstolo dos gentios, ensina no versículo em epígrafe uma verdade magna do cristianismo: a plenitude do Espírito Santo. Há no texto bíblico duas ordens: uma negativa e outra positiva. A negativa é: *Não vos embriagueis com vinho*; a positiva é: *enchei-vos do Espírito*. Entre as duas ordens, há uma adversativa: *mas*... Logo, em vez de embriagar-se com vinho, o cristão deve ser cheio do Espírito. A sobriedade não é necessariamente plenitude do Espírito. Além de ser sóbrio, o cristão precisa também ser cheio do Espírito. Se a embriaguez desemboca numa vida desregrada, a plenitude do Espírito conduz à comunhão, à adoração, à gratidão e ao serviço (Efésios 5:19-21).

De agora em diante, nos deteremos apenas na segunda ordem do texto: *enchei-vos do Espírito*. Essa ordem ensina-nos quatro verdades:

Em primeiro lugar, *o verbo está no imperativo*. A ordem é clara: *enchei-vos*. Isso significa que não ser cheio do Espírito é um pecado de desobediência a uma ordem expressa de Deus, assim como o é a embriaguez. Um cristão sem a plenitude do Espírito deveria ser um escândalo para nós, assim como é um escândalo um cristão embriagado. A plenitude do Espírito não é uma opção, mas um mandamento; não é uma sugestão; é uma ordem categórica. A expressa vontade de Deus para Sua igreja é a plenitude do Espírito Santo. Você está cheio do Espírito?

Em segundo lugar, *o verbo está no plural*. A ordem divina é insofismável: *enchei-vos*... Isso significa que a plenitude do Espírito não é apenas uma ordenança para um grupo seleto na igreja, mas para todos os membros da igreja. A plenitude do Espírito não deve ser uma exceção, mas a regra. Não deve ser

PREGAÇÃO TRANSFORMADORA

apenas uma experiência sobrenatural, mas também a dinâmica natural da igreja. A plenitude do Espírito não apenas está à disposição de todos os salvos, mas é também uma ordenança a todos eles, sem exceção e sem acepção.

Em terceiro lugar, *o verbo está no presente contínuo*. Na língua grega, o verbo "encher" está no presente contínuo. Isso significa que a plenitude do Espírito não é uma experiência que acontece uma única vez na vida e nunca mais se repete, mas uma ordem que deve ser obedecida continuamente. Quando Jesus ordenou aos serventes, nas bodas de Caná: *enchei de água as talhas*, tratava-se de uma ordem dada só a eles, para nunca mais ser repetida por eles; contudo, quando a Palavra de Deus nos ordena: *enchei-vos do Espírito*, está nos orientando que a plenitude de ontem não serve para hoje. Todo dia é tempo oportuno e necessário para sermos cheios do Espírito.

Em quarto lugar, *o verbo está na voz passiva*. Isso significa que nenhum cristão pode produzir essa plenitude para si mesmo ou transferi-la para outrem. Embora a plenitude do Espírito seja uma ordem divina, somente o próprio Deus pode nos encher do Seu Espírito. Para sermos cheios do Espírito, é preciso primeiro esvaziar-nos do pecado que tenazmente nos assedia. Não dá para ser cheio de vinho e do Espírito ao mesmo tempo. Não dá para abrigarmos no coração avareza, mágoa, impureza, lascívia e porfia e sermos cheios do Espírito. Somente vasos vazios podem ser cheios, e, enquanto o nosso coração for como vasilhas vazias, o Espírito jamais deixará de jorrar para nos encher até a plenitude.

Você está cheio do Espírito? Essa não é apenas uma ordem divina, mas também a nossa maior necessidade. Sem a plenitude do Espírito Santo, caminharemos trôpegos em vez de fazermos uma jornada segura. Sem a plenitude do Espírito, faremos muito esforço, mas teremos resultados pífios. Sem a plenitude do Espírito, viveremos agarrados às coisas da terra, mas não nos deleitaremos nas glórias do céu. Sem a plenitude do Espírito, perderemos a alegria da comunhão, da adoração, da gratidão e do serviço, mas viveremos em aberto conflito uns com os outros. Você está cheio do Espírito Santo?

# 85

# VOCÊ ESTÁ CHEIO DO ESPÍRITO SANTO?

## (Efésios 5:18)

O texto em apreço apresenta dois imperativos: um negativo e outro positivo. O negativo proíbe o cristão de se embriagar com vinho; o positivo ordena-lhe ser cheio do Espírito. A embriaguez produz dissolução; a plenitude do Espírito desemboca em virtudes cristãs. Tanto a embriaguez como a falta de plenitude do Espírito estão em desacordo com a vontade expressa de Deus.

Consideremos essas duas ordens:

Em primeiro lugar, *não vos embriagueis com vinho* (Efésios 5:18a). A embriaguez é render-se ao domínio do álcool. É ser dominado pelo poder etílico. É perder o autocontrole. É entregar-se à dissolução. O efeito da embriaguez é a vergonha e o opróbrio. Seus resultados são a destruição da honra e a promoção da pobreza. A embriaguez tem sido a causa das maiores tragédias sociais. É responsável por mais de 50% dos acidentes e dos assassinatos. Muitos casamentos têm sido destruídos por causa do alcoolismo. Muitas famílias têm sido arruinadas por esse vício maldito. A embriaguez semeia lágrimas, dor e morte. Aqueles que se entregam à embriaguez perdem seu nome, sua família e sua alma. Os bêbados não herdarão o reino de Deus.

Em segundo lugar, *enchei-vos do Espírito* (Efésios 5:18b). Depois de dar a ordem negativa, o apóstolo Paulo mostra o imperativo positivo. Não basta deixar de fazer o que é errado; é preciso fazer o que é certo. Não basta deixar de ser dominado pelo vinho; é preciso ser governado pelo Espírito. A ordem divina encerra algumas lições:

*Ser cheio do Espírito é um mandamento.* Isso significa que um cristão sem a plenitude do Espírito está pecando contra Deus tanto quanto um cristão

## PREGAÇÃO TRANSFORMADORA

que se embriaga. Ser cheio do Espírito não é uma opção; é uma ordenança. Não ser cheio do Espírito não é apenas um pequeno descuido; é um pecado de desobediência frontal a uma ordem expressa de Deus.

*Ser cheio do Espírito é uma experiência contínua.* O verbo "encher" está no presente contínuo na língua grega, o que significa que a plenitude do Espírito deve ser uma experiência permanente. A plenitude de ontem não serve para hoje. Todo dia é tempo de ser cheio do Espírito. Essa é uma experiência contínua e progressiva. As vitórias de ontem não são suficientes para hoje. Hoje é tempo de andar com Deus e ser cheio do Espírito Santo.

*Ser cheio do Espírito é uma ordenança para todos os cristãos.* A ordem está no plural. Líderes e liderados, grandes e pequenos, velhos e jovens, ricos e pobres, doutores e analfabetos precisam ser cheios do Espírito Santo. Nenhum cristão está dispensado dessa experiência. Essa é a vontade expressa de Deus para todo o seu povo, em todo lugar, em todo tempo.

*Ser cheio do Espírito é obra de Deus; não desempenho humano.* O verbo "encher" está na voz passiva. Isso significa que nós não produzimos a plenitude do Espírito; recebemo-la. Não é fruto do esforço humano; é resultado da graça divina. À medida que nos despojamos das nossas paixões e desejos e nos rendemos ao senhorio de Cristo, somos cheios do Espírito. Enquanto temos vasilhas vazias, o azeite não para de jorrar.

*Ser cheio do Espírito produz resultados benditos.* Em Efésios 5:19-21, Paulo cita quatro resultados da plenitude do Espírito: comunhão, adoração, gratidão e submissão. A plenitude do Espírito corrige o nosso relacionamento com Deus, com o próximo e com nós mesmos. Eis a questão: Você está cheio do Espírito Santo? Há evidências dessa plenitude em suas palavras, ações e em seus relacionamentos? A ordem é oportuna: *Não vos embriagueis com vinho, no qual há dissolução, mas enchei-vos do Espírito.*

# 86

# A IMPORTÂNCIA DAS CONEXÕES NA COMUNICAÇÃO DO EVANGELHO

(Apocalipse 3:14-22)

Jesus foi o maior de todos os mestres. Seus discípulos O chamaram de mestre. Ele mesmo se apresentou como mestre, e até Seus inimigos reconheceram que Ele era mestre. Jesus foi o maior de todos os mestres por causa da variedade de Seus métodos e em razão da sublimidade de Sua doutrina. Jesus não foi um alfaiate do efêmero, mas um escultor do Eterno. Sendo o Mestre dos mestres, o maior comunicador de todos os tempos, Jesus usou com perícia invulgar importantes conexões em Sua comunicação. Quero ilustrar esse fato incontroverso com Suas cartas endereçadas às igrejas da Ásia Menor. Visitando as ruínas dessas históricas cidades recentemente, pude constatar de forma inequívoca as conexões usadas por Jesus. Vejamos, por exemplo, a carta enviada à igreja de Laodiceia.

Em primeiro lugar, *Jesus usou a conexão geográfica*. Laodiceia era uma rica cidade situada no vale do Lico, uma fértil região entre as cidades de Hierápolis e Colossos. Hierápolis é uma fonte termal, de onde jorram águas quentes do topo de uma montanha branca, chamada Castelo de Algodão. Essas águas quentes eram terapêuticas. Em Colossos, do outro lado do vale, ficavam as fontes de águas frias, também terapêuticas. Contudo, Laodiceia não tinha fontes de águas. Suas águas vinham por meio de dutos desde as montanhas e chegavam à cidade mornas e sem nenhum efeito terapêutico. Jesus usa essa conexão geográfica para dirigir-se à igreja, dizendo-lhe: *Conheço as tuas obras, que não és frio nem quente. Quem dera fosses frio ou quente! Assim, porque és morno e nem és quente nem frio, estou a ponto de vomitar-te da minha boca.*

Em segundo lugar, *Jesus usou a conexão econômica*. Das três cidades do vale do Lico, Laodiceia era a mais rica. Era um poderoso centro comercial.

PREGAÇÃO TRANSFORMADORA

O comércio de ouro vindo de Sardes era famoso. A cidade era um dos maiores centros bancários da Ásia Menor. A igreja, longe de influenciar a cidade, foi por ela influenciada. Ao olhar-se no espelho, julgou-se rica e abastada. Jesus, porém, repreende a igreja afirmando que ela era pobre e miserável e deveria comprar ouro puro para se enriquecer. Conforme o ensino de Jesus, a riqueza material não é sinônimo de prosperidade espiritual.

Em terceiro lugar, *Jesus usou a conexão industrial*. Laodiceia era famosa pela indústria têxtil. A lã de cor escura, fabricada em Laodiceia, era famosa em toda a Ásia Menor. A cidade tinha orgulho de sua indústria têxtil. Jesus usa esse gancho para exortar a igreja, ordenando-lhe comprar vestes brancas para se vestir, a fim de que sua vergonha não fosse manifesta.

Em quarto lugar, *Jesus usou a conexão científica*. Laodiceia era o maior centro oftalmológico do Império Romano. Naquela cidade asiática, fabricava-se o pó frígio, um remédio quase milagroso na cura das doenças dos olhos. Pessoas de todos os cantos do mundo viajavam a essa próspera cidade em busca de tratamento. Na cidade mais importante do mundo no tratamento de doenças dos olhos, havia uma grande cegueira espiritual, que estava atingindo a própria igreja. Então, Jesus exorta a igreja a comprar colírio para ungir os seus olhos, a fim de ver com clareza as realidades espirituais.

A mensagem do evangelho é imutável. Atravessa os séculos e não sofre variação. Precisamos, no entanto, conhecer a geografia, a história e a cultura da cidade onde estamos inseridos, para fazermos conexões oportunas e pertinentes na comunicação do evangelho. Precisamos ler o texto e o contexto; precisamos interpretar a Palavra e o povo. John Stott, um dos maiores expositores bíblicos de todos os tempos, falecido no dia 27 de julho de 2011, disse acertadamente que o sermão é uma ponte entre dois mundos: o texto antigo e o ouvinte contemporâneo. Que Deus nos ajude a abrir os olhos espirituais para fazermos as conexões necessárias, a fim de comunicarmos com mais eficácia a mensagem gloriosa do evangelho.

# 87

# VOCÊ PODE TER CERTEZA DA SUA SALVAÇÃO

## (2Timóteo 2:19)

O apóstolo Paulo, o paladino do cristianismo, em sua derradeira epístola, alerta o jovem Timóteo a não perder o foco de seu ministério, envolvendo-se em falatórios inúteis e profanos (2Timóteo 2:16). Também afirma que alguns, nessa prática, desviaram-se da verdade (2Timóteo 2:17,18). Longe, porém, de o veterano apóstolo estar abrindo uma brecha para a possibilidade da perda da salvação, afirma com diáfana clareza a segurança da salvação, aduzindo dois eloquentes argumentos:

Em primeiro lugar, *os salvos são conhecidos por Deus* (2Timóteo 2:19a). *O Senhor conhece os que lhe pertencem...* Deus nos conheceu de antemão (Romanos 8:29). Escolheu-nos conforme sua própria determinação e graça em Cristo antes dos tempos eternos (2Timóteo 1:9). Escolheu-nos em Cristo antes da fundação do mundo (Efésios 1:4). Escolheu-nos desde o princípio para a salvação, pela santificação do Espírito e fé na verdade (2Tessalonicenses 2:13). Nessa mesma linha de pensamento, o apóstolo Paulo diz: *O Senhor conhece os que lhe pertencem* (2Timóteo 2:19). O ensino insofismável das Escrituras é que Deus nos amou primeiro e nos atraiu para Ele com cordas de amor. Fomos escolhidos, chamados e justificados. Os nossos pecados foram perdoados, a nossa dívida foi paga e o nosso nome está escrito no livro da vida. Fomos comprados por alto preço, resgatados da morte e declarados justos diante do tribunal de Deus. A nossa salvação não é resultado das obras que realizamos para Deus, mas da obra que Deus realizou por nós, na cruz do Calvário. Deus nos amou quando éramos fracos, ímpios, pecadores e inimigos. Éramos escravos, e Ele nos libertou. Estávamos perdidos, e Ele nos encontrou. Estávamos mortos em nossos delitos e pecados, e Ele nos deu vida. Fez-nos

# PREGAÇÃO TRANSFORMADORA

Seus filhos e Seus herdeiros. Agora, somos membros do corpo de Cristo, ovelhas do Seu pastoreio e ramos da Videira verdadeira. Somos a Sua herança, a menina dos Seus olhos e a Sua delícia, em quem ele tem todo o prazer. A nossa vida está segura nas mãos de Cristo, e de Suas mãos ninguém pode nos arrebatar. Nada nem ninguém, neste mundo ou no porvir, pode nos separar de Seu amor, que está em Cristo Jesus, nosso Senhor. Estamos seguros porque o próprio Deus que nos criou, escolheu e salvou conhece a cada um de nós como sua propriedade exclusiva!

Em segundo lugar, *os salvos vivem em santidade* (2Timóteo 2:19b). ... *E mais: Aparte-se da injustiça todo aquele que professa o nome do Senhor.* A gloriosa doutrina da eleição tem sido atacada por muitos e não entendida por outros. Longe dessa verdade induzir ao descaso com a santidade, promove-a. O ensino claro das Escrituras é que Deus nos escolheu pela santificação do Espírito e fé na verdade (2Tessalonicenses 2:13). Deus nos escolheu para sermos santos e irrepreensíveis (Efésios 1:4). Deus não nos chamou para a impureza, e sim para a santificação (1Tessalonicenses 4:7). Logo, aqueles a quem Deus conhece como Seus e que professam o Seu nome devem se apartar da injustiça (2Timóteo 2:19). A evidência da eleição é a santificação. Ninguém pode se julgar um eleito de Deus se não vive em santidade. Ninguém pode comprovar sua eleição, senão pela prática da piedade. Os que são de Deus vivem em novidade de vida. Aqueles a quem Deus conhece têm um novo coração, uma nova mente e uma nova vida. Quem pratica o pecado é escravo do pecado, ainda permanece nas trevas e não conhece a Deus, pois Deus é luz. A segurança da nossa salvação não está estribada em quem nós somos, mas em quem é Deus e no que Ele fez por nós, em nós e através de nós!

# 88

# A INDESCRITÍVEL GRANDEZA DE DEUS

(Neemias 9:5-7)

Depois de um tempo de arrependimento e restauração, o povo de Israel, regresso do cativeiro babilônico, prorrompeu em louvor a Deus e, de forma esplêndida, exaltou sua indescritível grandeza. Três verdades são enfatizadas:

Em primeiro lugar, *Deus é exaltado pela criação do universo*. Está escrito: *Só tu és Senhor, tu fizeste o céu, o céu dos céus e todo o seu exército, a terra e tudo quanto nela há, os mares e tudo quanto há neles...* (Neemias 9:6a). O universo não surgiu espontaneamente nem veio à existência mediante uma explosão cósmica. O universo não é resultado de uma evolução de milhões e milhões de anos, mas foi criado por Deus. Antes da criação, só Deus existia. E ele, sendo o único Deus, trouxe à existência as coisas que não existiam. Criou tudo do nada, ou seja, sem matéria preexistente. Em linguagem resumida, Neemias escreve que Deus criou tudo no céu, na terra e nos mares. O universo vastíssimo e insondável, com sua multifária beleza, é obra do Criador. Segundo os mais eminentes astrônomos, o universo tem mais de 93 bilhões de anos-luz de diâmetro. Isso significa que, se pudéssemos voar à velocidade da luz, trezentos mil quilômetros por segundo, nessa velocidade levaríamos mais de 93 bilhões de anos para ir de uma extremidade à outra do universo. Oh, quão grande é a obra criada! Mas infinitamente maior é o Criador. Ele existe antes da criação. Ele é independente da criação. Ele é maior que a criação!

Em segundo lugar, *Deus é exaltado pela preservação das criaturas*. O texto prossegue: *... e tu os preservas a todos com vida, e o exército dos céus te adora* (Neemias 9:6b). Deus não apenas criou todas as coisas, mas também as sustenta. Deus não apenas deu vida a todas as criaturas, mas também as preserva com vida. Só Deus tem vida em si mesmo. Todas as criaturas dependem de Deus e não

## PREGAÇÃO TRANSFORMADORA

têm vida à parte dele. O Deus criador é também o Deus da providência. Os deístas afirmam que Deus criou todas as coisas, mas está longe delas. Imaginam que Deus é como um relojoeiro que depois de fabricar o relógio deu cordas nele e o deixou trabalhando sozinho. Esse pensamento está equivocado. Embora Deus seja transcendente, é também imanente. Embora tenha criado o universo com leis que o regem, intervém na criação providencialmente. Deus não apenas está além do universo e é independente dele, mas também está presente nele e o governa.

Em terceiro lugar, *Deus é exaltado pela eleição e redenção do Seu povo*. Neemias continua: *Tu és o Senhor, o Deus que elegeste Abrão, e o tiraste de Ur dos caldeus, e lhe puseste por nome Abraão* (Neemias 9:7). Não há Deus além do Senhor. Antes dele nunca houve nem depois dele jamais haverá outro semelhante. Os deuses dos povos são ídolos vãos, criados pela arte e pela imaginação humana. Ele é Senhor, Criador e Redentor. Ele não apenas criou todos os seres no céu, na terra e no mar, mas também a todos preserva com vida. Além disso, Deus escolheu um povo e o resgatou para ser Sua propriedade exclusiva. O Deus que elege é também o Deus que chama, e o mesmo Deus que chama é também o Deus que resgata. Deus nos escolheu antes da fundação do mundo e chamou-nos com santa vocação. Resgatou-nos com o sangue do Seu Filho e selou-nos com o Seu Santo Espírito. Fomos separados dentre todas as nações para sermos uma nação santa. Fomos resgatados dentre todos os povos para sermos um povo totalmente seu, zeloso de boas obras. Somos o povo de Deus, a família de Deus, a habitação de Deus. Temos nele todo o nosso deleite e a Ele rendemos toda a nossa adoração!

# 89

# RAZÕES PARA GLORIFICARMOS A DEUS

(Romanos 11:36)

Os eruditos afirmam, e com razão, que a carta de Paulo aos Romanos é a cordilheira do Himalaia de toda a revelação bíblica. Aqui Paulo chegou ao ponto culminante das Escrituras. Num texto de irretocável beleza e profundidade, o apóstolo dos gentios traça a nossa trajetória das profundezas da decadência moral às culminâncias da nossa redenção. Depois de destacar que toda a obra da redenção foi planejada soberanamente por Deus e realizada eficazmente por Ele, encerra a primeira parte da epístola (capítulos 1—11) numa doxologia, na qual desabotoa sua voz em torrentes de exaltação a Deus. Três verdades são destacadas.

Em primeiro lugar, *Deus deve ser glorificado porque Ele* é o idealizador da nossa salvação (Romanos 11:36a). *Por que dele...* Nossa redenção não começa no tempo, mas na eternidade; não começa na terra, mas no céu; não começa com o homem, mas com Deus. Ele planejou a nossa salvação, e isso desde os tempos eternos. Tudo provém dele, pois Ele é a fonte e a origem da nossa salvação. Tudo provém de Deus, pois nos amou com amor eterno e nos atraiu para si com cordas de amor. Ele é o idealizador da nossa redenção, pois nos escolheu em Cristo, antes da fundação do mundo. O evangelho não é um caminho aberto da terra para o céu; é o caminho aberto do céu para a terra. O evangelho não é uma tentativa de o homem encontrar Deus; é a decisão de Deus buscar o homem perdido. Todas as religiões do mundo são um esforço humano para agradar a Deus através de obras, ritos e sacrifícios; mas o cristianismo é Deus tomando a iniciativa de reconciliar o homem consigo mesmo por intermédio de Cristo.

Em segundo lugar, *Deus deve ser glorificado porque Ele* é o executor da nossa salvação (Romanos 11:36b). *... e por meio dele...* Deus não apenas planejou

PREGAÇÃO TRANSFORMADORA

a nossa salvação na eternidade, mas a executou na história. Para tornar eficaz o plano eterno, o Verbo divino, Deus de Deus, luz de Deus, fez-se carne e habitou entre nós. O Unigênito do Pai, da mesma essência do Pai, esvaziou-se e assumiu a forma humana. Sendo Deus, fez-se homem; sendo exaltado pelos anjos, fez-se servo; sendo imaculado, fez-se pecado; sendo bendito, fez-se maldição; sendo rico, fez-se pobre; sendo o autor da vida, morreu pelos nossos pecados. O homem não poderia ser o agente de sua própria salvação. Não poderia apagar as manchas de seus próprios pecados. Não poderia voltar-se para Deus por si mesmo. O homem está perdido, cego, surdo, endurecido e morto nos seus pecados. Deixado à própria sorte, caberia a ele apenas uma condenação inexorável. Por isso, Deus, sendo rico em misericórdia, amou eternamente os objetos de sua ira a ponto de dar Seu Filho Unigênito, para que todo aquele que nele crer não pereça, mas tenha a vida eterna. O Filho de Deus veio ao mundo para ser o nosso fiador e substituto. Deus lançou sobre Ele a iniquidade de todos nós. Ele foi traspassado pelas nossas transgressões e moído pelos nossos pecados. O castigo que nos traz a paz estava sobre Ele e pelas Suas pisaduras fomos sarados. Ele levou sobre o Seu corpo, no madeiro, os nossos pecados. Ele morreu pelos nossos pecados, pagou a nossa dívida e nos reconciliou com Deus. Jesus é o novo e vivo caminho que nos conduz ao Pai.

Em terceiro lugar, *Deus deve ser glorificado porque o louvor de Sua glória é o propósito da nossa salvação* (Romanos 11:36c). *... e para ele são todas as coisas. A ele, pois, a glória eternamente.* A salvação não é uma medalha de honra ao mérito que ostentamos no campeonato da vida. Não é um troféu que levantamos no pódio da exaltação humana. A nossa salvação foi planejada, executada e consumada por Deus para que todos os remidos sejam apresentados, nos séculos vindouros, como troféus de Sua graça, a fim de que Deus receba a glória pelos séculos dos séculos. Se o fim principal do homem é glorificar a Deus, o fim principal de Deus é glorificar a si mesmo, pois não existe nenhum outro propósito mais elevado e santo do que a própria exaltação de Deus, Aquele que é o início, o meio e o fim de todas as coisas. Por toda a eternidade, os remidos se desdobrarão em louvor e adoração a Deus por tão grande salvação e nem mesmo assim poderão esgotar esse tributo de gratidão!

# 90

# A MORTE
# DE UMA IGREJA

(Apocalipse 2–3)

As sete igrejas da Ásia Menor, conhecidas como as igrejas do Apocalipse, estão mortas. Restam apenas ruínas de um passado glorioso que se foi. As glórias daquele tempo distante estão cobertas de poeira e sepultadas debaixo de pesadas pedras. Hoje, nessa mesma região há menos de 1% de cristãos. Diante disso, uma pergunta lateja em nossa mente: o que faz uma igreja morrer? Quais são os sintomas da morte que ameaçam as igrejas ainda hoje?

Em primeiro lugar, *a morte de uma igreja acontece quando ela se aparta da verdade*. Algumas igrejas da Ásia Menor foram ameaçadas pelos falsos mestres e suas heresias. Foi o caso das igrejas de Pérgamo e Tiatira, que deram guarida à perniciosa doutrina de Balaão e se corromperam tanto na teologia como na ética. Uma igreja não tem antídoto para resistir à apostasia quando abandona sua fidelidade às Escrituras nem à inevitabilidade da morte quando se aparta dos preceitos de Deus. Temos visto esses sinais de morte em muitas igrejas na Europa, América do Norte e também no Brasil. Algumas denominações históricas capitularam-se tanto ao liberalismo como ao misticismo e abandonaram a sã doutrina. O resultado inevitável foi o esvaziamento dessas igrejas, por um lado, ou o seu crescimento numérico, por outro, mas um crescimento sem compromisso com a verdade e a santidade. Não podemos confundir numerolatria com crescimento saudável. Nem sempre uma multidão sinaliza o crescimento saudável da igreja. Uma igreja pode ser grande e mesmo assim estar gravemente enferma. Sempre que uma igreja troca o evangelho da graça por outro evangelho, entra por um caminho desastroso.

PREGAÇÃO TRANSFORMADORA

Em segundo lugar, *a morte de uma igreja acontece quando ela se mistura com o mundo*. A igreja de Pérgamo estava dividida entre sua fidelidade a Cristo e seu apego ao mundo. A igreja de Tiatira estava tolerando a imoralidade sexual entre seus membros. Na igreja de Sardes, não havia heresia nem perseguição, mas a maioria dos crentes estava com suas vestiduras contaminadas pelo pecado. Uma igreja que flerta com o mundo para amá-lo e conformar-se com ele não permanece. Seu candeeiro é apagado e removido. Alguém disse: "Fui procurar a igreja e a encontrei no mundo; fui procurar o mundo e o encontrei na igreja". A Palavra de Deus é clara: ser amigo do mundo é constituir-se inimigo de Deus. O amor do Pai não está em quem ama o mundo. Há pouca ou quase nenhuma diferença hoje entre o estilo de vida daqueles que estão na igreja e o daqueles que estão comprometidos com os esquemas do mundo. O índice de divórcio entre os cristãos é tão alto quanto entre os que não professam a fé cristã. O número de jovens cristãos que vão para o casamento com uma vida sexual ativa é quase o mesmo daqueles que não frequentam uma igreja evangélica. A bancada evangélica no Congresso nacional é conhecida como a mais corrupta da política brasileira. A teologia capenga produz uma vida frouxa. Precisamos voltar aos princípios da Reforma e clamar por um reavivamento!

Em terceiro lugar, *a morte de uma igreja acontece quando ela não discerne sua decadência espiritual*. A igreja de Sardes olhava-se no espelho e dava nota máxima para si mesma, dizendo ser uma igreja viva, enquanto aos olhos de Cristo já estava morta. A igreja de Laodiceia considerava-se rica e abastada, quando na verdade era pobre e miserável. O pior doente é aquele que não tem consciência de sua enfermidade. Uma igreja nunca está tão à beira da morte como quando se vangloria diante de Deus pelas suas pretensas virtudes. O cristão não deve ser um fariseu. O fariseu aplaudia a si mesmo por causa de suas virtudes, mas olhava para os publicanos e os enchia de acusações descaridosas. O cristão verdadeiro não é aquele que faz um solo do hino "Quão grande és tu" diante do espelho, mas aquele que chora diante de Deus por causa de seus pecados.

Em quarto lugar, *a morte de uma igreja acontece quando ela não associa a doutrina com a vida*. A igreja de Éfeso foi elogiada por Jesus pelo seu zelo doutrinário, mas repreendida por ter abandonado seu primeiro amor. Tinha doutrina, mas não vida; ortodoxia, mas não ortopraxia; teologia boa, mas não vida piedosa. Jesus ordenou à igreja que se lembrasse de onde tinha caído,

A MORTE DE UMA IGREJA

que se arrependesse e se voltasse à prática das primeiras obras. Se a doutrina é a base da vida, a vida precisa ser a expressão da doutrina. As duas coisas não podem viver separadas. Doutrina sem vida produz orgulho e aridez espiritual; vida sem doutrina desemboca em misticismo pagão. Uma igreja viva tem doutrina e vida, ortodoxia e piedade, credo e conduta!

Em quinto lugar, *a morte de uma igreja acontece quando lhe falta perseverança no caminho da santidade.* As igrejas de Esmirna e Filadélfia foram elogiadas pelo Senhor e não receberam nenhuma censura. Mas, em dado momento, nas dobras do futuro, essas igrejas também se afastaram da verdade e perderam sua relevância. Não basta começar bem; é preciso terminar bem. Falhamos, muitas vezes, em passar o bastão da verdade para a próxima geração. Um recente estudo revela que a terceira geração de uma igreja já não tem mais o mesmo fervor da primeira geração. É preciso não apenas começar a carreira, mas concluí-la e guardar a fé! É tempo de pensar: Como será a nossa igreja nas próximas gerações? Que tipo de igreja deixaremos para os nossos filhos e netos? Uma igreja viva ou uma igreja morta?

# 91

# A DECADÊNCIA
# DE UMA NAÇÃO

## (Miqueias 7:3)

A propósito do 194º. aniversário da independência do Brasil, trago uma reflexão, com tristeza na alma, sobre a decadência moral e espiritual em que se encontra a nação brasileira. Tomo como exemplo o povo de Israel para diagnosticar a nossa própria realidade. Uma nação torna-se decadente quando seus líderes civis e religiosos se corrompem e abandonam os princípios absolutos que deveriam regê-los. O profeta Miqueias, ao fazer um diagnóstico de sua nação, retrata o que poderia ser a própria decadência do Brasil. Vejamos:

Em primeiro lugar, *ele denuncia o aparelhamento do Estado para saquear o povo* (Miqueias 2:1,2). Os líderes do povo maquinavam o mal em seu leito e, ao amanhecer, já punham em ação esses planos, porque o poder de fazer o mal estava em suas mãos. Tudo quanto cobiçavam, tomavam. Tudo quanto desejavam, extorquiam, porque o Estado estava aparelhado para a roubalheira.

Em segundo lugar, *ele denuncia a inversão de valores da sociedade* (Miqueias 3:2). Miqueias diz que o povo se corrompeu a tal ponto de "aborrecer o bem e amar o mal". Isso não é apenas tolerância ao erro; é inversão de valores. É aplaudir o que se deve repudiar e repudiar o que se deve promover. A sociedade brasileira está assim também: chama luz de trevas e trevas, de luz.

Em terceiro lugar, *ele denuncia o canibalismo dos líderes políticos* (Miqueias 3:1,3,9). Os líderes políticos, em vez de servir ao povo, serviam-se dele. Em vez de atender às necessidades do povo, exploravam-no, arrancando sua pele, esmiuçando seus ossos e devorando sua carne. Os líderes, longe de

## PREGAÇÃO TRANSFORMADORA

proteger o povo, faziam deste sua presa. Esses líderes chegaram ao extremo de abominar o juízo e perverter tudo o que era direito (Miqueias 3:9). Os líderes eram o maior problema da nação, o maior flagelo para o povo.

Em quarto lugar, *ele denuncia a corrupção do poder judiciário* (Miqueias 3:11). O profeta diz: *Os seus cabeças dão as sentenças por suborno...* Não havia nenhuma esperança de justiça. Os fracos eram esmagados pelos fortes. Os pobres eram espoliados pelos ricos. As cortes estavam rendidas ao esquema da corrupção. Estavam a serviço do Estado para explorar a população. Os juízes, que deveriam fazer cumprir as leis e aplicar a justiça, condenavam, por dinheiro, os inocentes e inocentavam os culpados.

Em quinto lugar, *ele denuncia o conluio dos poderes constituídos* (Miqueias 7:3). Miqueias diz que o Poder Executivo e o Poder Judiciário estavam mancomunados na prática do crime: ... *o príncipe exige condenação, o juiz aceita suborno, o grande fala dos maus desejos de sua alma, e, assim, todos eles juntamente urdem a trama.* Uma coisa é um dos poderes constituídos se corromper; outra coisa é quando os poderes se unem para a prática do mal. Havia uma teia criminosa que sugava o Estado e oprimia o povo.

Em sexto lugar, *ele denuncia a corrupção da religião* (Miqueias 3:5,11). Os profetas deixaram de pregar a Palavra de Deus com fidelidade, para render sua consciência à sedução do lucro: ... [os] *profetas* [...] *fazem errar o meu povo e* [...] *clamam: Paz, quando têm o que mastigar, mas apregoam guerra santa contra aqueles que nada lhes metem na boca.* Diz ainda: ... *os seus sacerdotes ensinam por interesse, e os seus profetas adivinham por dinheiro...* A igreja é a consciência do Estado, mas, quando sua liderança se corrompe e busca o lucro em vez de proclamar a verdade, torna-se maldição em lugar de bênção.

Em sétimo lugar, *ele denuncia a corrupção da família* (Miqueias 7:6). A família é o último reservatório moral da nação. Se ela cair, o povo chafurda na lama. Como estava a família? Responde o profeta: *Porque o filho despreza o pai, a filha se levanta contra a mãe, a nora, contra a sogra; os inimigos do homem são os da sua própria casa.* Nenhuma nação é forte se as famílias que a compõem forem fracas. O resultado dessa decadência é o caos da sociedade: *Pereceu da terra o piedoso, e não há entre os homens um que seja reto; todos espreitam para derramarem sangue; cada um caça a seu irmão com rede* (Miqueias 7:2). Miqueias está entre nós. Sua voz ecoa nos palácios e nas ruas. É tempo de os líderes de nossa nação se arrependerem. É tempo de o povo voltar-se para Deus. Ainda há esperança para o Brasil!

# 92

# A RESSURREIÇÃO DE CRISTO: A MELHOR NOTÍCIA QUE O MUNDO JÁ OUVIU

(1Coríntios 15:1-58)

A melhor notícia que o mundo já ouviu veio de um túmulo vazio. Jesus venceu a morte, arrancou o aguilhão da morte e matou a morte, ao ressuscitar dentre os mortos. O túmulo vazio de Jesus é o berço da igreja, a pedra de esquina da nossa fé e o fundamento da nossa esperança. O apóstolo Paulo expôs essa gloriosa doutrina em 1Coríntios 15:1-58, enfatizando três verdades exponenciais.

Em primeiro lugar, *quanto ao passado, a ressurreição de Cristo é um fato histórico incontroverso* (1Coríntios 15:1-11). O evangelho da nossa salvação está estribado em três colunas: Cristo morreu segundo as Escrituras, Cristo foi sepultado segundo as Escrituras e Cristo ressuscitou. A morte de Cristo não foi um acidente, nem a ressurreição de Cristo foi uma surpresa. Os céticos, besuntados de empáfia, buscam artifícios para negar esse fato incontroverso. Dizem que Cristo nem chegou a morrer, mas apenas teve um desmaio. Outros dizem que Seus discípulos roubaram Seu corpo. Outros, ainda, afirmam que as mulheres foram ao túmulo errado naquela manhã de domingo. Mas Paulo elenca vários grupos aos quais Jesus apareceu depois de ressurreto. Precisaríamos admitir que, se Cristo não ressuscitou, um engano salvou o mundo; uma mentira seria a melhor notícia que o mundo já ouviu. A verdade incontroversa, porém, é que, de fato, Cristo ressuscitou!

Em segundo lugar, *quanto ao presente, a ressurreição de Cristo é o fundamento da nossa fé* (1Coríntios 15:12-34). Se Cristo não ressuscitou, os mortos também não ressuscitarão e, se não há ressurreição de mortos, então os homens não têm esperança. Se Cristo não ressuscitou, a pregação do evangelho é vazia de conteúdo. Se Cristo não ressuscitou, a fé cristã é um corolário de

## PREGAÇÃO TRANSFORMADORA

dogmas sem proveito nenhum. Se Cristo não ressuscitou, os apóstolos foram falsas testemunhas e os maiores embusteiros da história, pois afirmaram, em nome de Deus, o que jamais ocorreu. Se Cristo não ressuscitou, não existe qualquer possibilidade de redenção para o pecador e, então, todos estariam condenados por seus pecados. Se Cristo não ressuscitou, aqueles que já morreram na esperança da vida eterna pereceram inevitavelmente. Se Cristo não ressuscitou, então os cristãos são as pessoas mais infelizes, pois toda a sua crença não passa de uma tola ilusão, de uma esperança malfadada. A realidade incontroversa, entrementes, é que Cristo ressuscitou como o primeiro da fila de todos os filhos de Deus que se levantarão do túmulo para receberem um corpo de glória.

Em terceiro lugar, *quanto ao futuro, a ressurreição de Cristo é a âncora da nossa esperança* (1Coríntios 15:35-58). Cristo ressuscitou com um corpo de glória; e nós também receberemos um corpo semelhante ao corpo de Sua glória. Teremos um corpo imortal, incorruptível, glorioso, poderoso, espiritual e celestial. Não haverá mais cansaço nem fadiga. Não haverá mais doença nem dor. Não haverá mais defeito físico nem morte. O nosso corpo vai brilhar como o firmamento e resplandecer como as estrelas para sempre e eternamente. Quando Jesus voltar, em Sua majestade e glória, os mortos ouvirão a Sua voz e sairão dos túmulos, uns para a ressurreição da vida e outros para a ressurreição do juízo. Então, nós que cremos no Filho de Deus, veremos que o nosso corpo mortal será revestido da imortalidade e o nosso corpo corruptível será revestido da incorruptibilidade. Então, a morte, o último inimigo a ser vencido, tragada pela vitória, será lançada no lago de fogo, e nós, com alegria inefável, indizível, reinaremos com Cristo para sempre. Oh, irmãos, exultemos com grande alegria, pois não caminhamos para um entardecer sombrio, mas para o romper do dia eterno! Não caminhamos para a escuridão de um túmulo gelado, mas para o fulgor da glória celeste! Temos uma viva esperança! Seguimos as pegadas de Jesus, Aquele que venceu a morte e está vivo pelos séculos dos séculos. Aleluia!

# 93

# A SOBERANIA DE DEUS NA SALVAÇÃO

## (Romanos 8:29,30)

Como pode um homem pecador ser salvo? Como pode um injusto ser declarado justo aos olhos do Deus santo? Como pode o homem, tão vulnerável, ter garantia de salvação? Paulo responde a essas questões quando escreve sua carta aos Romanos. Vamos tratar aqui de cinco afirmações categóricas que nos afirmam a soberania de Deus na salvação.

Em primeiro lugar, *Deus nos conheceu desde a eternidade* (Romanos 8:29). Deus nos conheceu de antemão. Ele nos amou desde toda a eternidade. Amou-nos não porque viu algo em nós que despertasse Seu amor, mas amou-nos incondicionalmente. Antes de o sol brilhar no horizonte, Deus já havia colocado em nós Seu coração. Antes de os mundos estelares virem à existência, nós já estávamos no coração de Deus. Seu amor por nós é eterno, incomensurável e incondicional.

Em segundo lugar, *Deus nos predestinou para a salvação* (Romanos 8:30). Deus nos predestinou em Cristo para a salvação antes da fundação do mundo, desde o princípio, pela santificação do Espírito e fé na verdade, a fim de sermos santos e irrepreensíveis perante Ele. Deus não nos escolheu porque previu que iríamos crer em Cristo; cremos em Cristo porque Ele nos escolheu. A escolha divina é a causa da fé e, sim, sua consequência. Deus não nos escolheu porque viu em nós santidade; fomos eleitos para sermos santos e irrepreensíveis, e não porque éramos santos e irrepreensíveis. A santidade não é a causa da eleição, mas seu resultado. Deus não nos escolheu porque viu em nós boas obras; somos feitura dele, criados em Cristo Jesus para as boas obras, mas não porque praticássemos boas obras. As boas obras são fruto da escolha divina; não sua raiz.

PREGAÇÃO TRANSFORMADORA

Em terceiro lugar, *Deus nos chamou eficazmente* (Romanos 8:30). Todos aqueles que são escolhidos por Deus na eternidade, por quem Cristo morreu no Calvário, são chamados à salvação, e chamados eficazmente. O homem pode até resistir temporariamente a esse chamado, mas não perenemente. Jesus disse que ninguém pode vir a Ele se o Pai não o trouxer. Disse também que Suas ovelhas ouvem Sua voz e O seguem. Aos que Deus predestina, Ele chama. Há dois tipos de chamado: um externo e outro interno; um dirigido aos ouvidos; outro, ao coração. Aqueles que são predestinados, ao ouvirem a voz do bom pastor, atendem-na e O seguem.

Em quarto lugar, *Deus nos justificou por Sua graça* (Romanos 8:30). Aqueles que são amados, escolhidos e chamados são também justificados. A justificação é uma obra de Deus por nós; não em nós; é um ato; não um processo. É uma declaração forense feita diante do tribunal de Deus; não uma infusão da graça. É completa e irrepetível. Por isso, não possui graus. O menor crente está tão justificado quanto o indivíduo mais piedoso. Pela obra substitutiva e vicária de Cristo na cruz, somos declarados quites com as demandas da lei de Deus. Não pesa mais sobre nós nenhuma condenação. Os nossos pecados passados, presentes e futuros já foram julgados na pessoa de Cristo, o nosso substituto e fiador. Os nossos pecados foram postos na conta de Cristo, e a justiça de Cristo foi depositada em nossa conta. Estamos quites com todas as demandas da justiça divina.

Em quinto lugar, *Deus nos glorificou pelo Seu poder* (Romanos 8:30). Embora a glorificação seja um fato futuro, que se dará na segunda vinda de Cristo, na mente e nos decretos de Deus já é um fato consumado. Mesmo que o caminho seja estreito e juncado de espinhos; mesmo que os inimigos nos espreitem e toda a fúria de Satanás seja despejada contra nós, nada nem ninguém, neste mundo ou mesmo no porvir, poderá nos separar do amor de Deus que está em Cristo Jesus, o nosso Senhor. A nossa salvação foi planejada, executada, aplicada e assegurada por Deus. A Deus, portanto, a glória, agora e para sempre por tão grande salvação!

# 94
# ALCOOLISMO:
# UMA TRAGÉDIA NACIONAL

(Provérbios 23:29-35)

O alcoolismo é um dos mais graves problemas sociais do nosso país. Ele é responsável por mais de 50% de todos os acidentes de trânsito, bem como de todos os assassinatos. As cadeias estão lotadas de seus protagonistas, e os cemitérios, cheios de suas vítimas. O álcool não é apenas um ladrão de cérebros; é também um destruidor do caráter. Há muitas vidas arruinadas por causa do alcoolismo. Há muitos casamentos desfeitos, muitos lares cobertos de opróbrio e muitos filhos machucados emocionalmente por causa dessa tragédia nacional. A Palavra de Deus trata desse assunto de forma objetiva em Provérbios 23:29-35. Destacaremos aqui quatro lições:

Em primeiro lugar, *o alcoolismo é uma tragédia por causa de seus efeitos devastadores* (Provérbios 23:29,30). A pergunta perturbadora que se faz ouvir é esta: *Para quem são os ais? Para quem, os pesares? Para quem, as rixas? Para quem, as queixas? Para quem, as feridas sem causa? E para quem, os olhos vermelhos? Para os que se demoram em beber vinho, para os que andam buscando bebida misturada.* A dependência da bebida alcoólica produz um sofrimento indescritível para a família. Uma pessoa prisioneira do vício da bebida alcoólica destrói sua reputação, sua autoestima, sua saúde e seus relacionamentos. Muitas brigas deixariam de existir se as pessoas não fossem cativas desse vício humilhante. Muitas paixões avassaladoras não empurrariam homens e mulheres para o abismo do adultério se as pessoas não fossem seduzidas pelos falsos encantos do álcool.

Em segundo lugar, *o alcoolismo é uma tragédia por causa de sua sedução traidora* (Provérbios 23:31,32). O autor sagrado faz um alerta solene: *Não olhes para o vinho, quando se mostra vermelho, quando resplandece no copo e se escoa suavemente.*

PREGAÇÃO TRANSFORMADORA

*Pois ao cabo morderá como a cobra e picará como o basilisco.* A bebida alcoólica é sedutora. As propagandas mais elaboradas e mais glamorosas são de bebida alcoólica. No entanto, o encanto da bebida alcoólica é uma farsa. Atrás de seu colorido fascinante, há o veneno de uma víbora. Atrás de um copo resplandecente e espumante, há uma alma prisioneira e uma família que agoniza. O veneno do álcool mata o corpo e a alma, destrói a saúde e a reputação, afasta o homem de Deus, de si mesmo e do próximo.

Em terceiro lugar, *o alcoolismo é uma tragédia por causa das alterações que provoca em seus dependentes* (Provérbios 23:33). O escritor sagrado é enfático: *Os teus olhos verão coisas esquisitas, e o teu coração falará perversidades.* O alcoolismo não é um estimulante, mas um depressivo. Ele interfere na capacidade de raciocínio, embaça a visão, rouba a lucidez e corrompe as atitudes. Uma pessoa alcoolizada perde o respeito próprio ao desandar a boca para falar perversidades. Há uma lenda que diz que uma pessoa alcoolizada passa por quatro estágios: Começa galanteador como um pavão. Depois se torna valente como um leão. Em seguida, chama a atenção para as suas peripécias como um macaco e termina na lama como um porco.

Em quarto lugar, *o alcoolismo é uma tragédia por causa da degradante dependência que produz* (Provérbios 23:34,35). O escritor sagrado conclui: *Serás [...] como o que se deita no alto do mastro e dirás: Espancaram-me, e não me doeu; bateram- -me, e não o senti; quando despertarei? Então, tornarei a beber.* O alcoolismo produz uma cruel solidão, como alguém que se deita no alto do mastro. Uma pessoa dependente do álcool torna-se alvo da agressão coletiva, um saco de pancadas, mas já não sente mais os esbarros que recebe. O mais grave é que, a despeito de tantos tormentos e desatinos, quando acorda desse torpor, volta a beber, pois está cativo das algemas desse vício mortal. Acautelemo-nos acerca desse vício tão devastador. Trata-se de uma tragédia nacional!

# 95

# AMOR:
# A VERDADEIRA MARCA DO CRISTÃO

(1Coríntios 13:1-13)

O apóstolo Paulo, em 1Coríntios 13, fala sobre três aspectos do amor, a verdadeira marca do cristão. Vamos examinar esses três aspectos:

Em primeiro lugar, *a superioridade do amor* (1Coríntios 13:1-3). Depois de tratar dos dons espirituais, Paulo aborda um caminho sobremodo excelente. Em 1Coríntios 13:1-3, fala da superioridade do amor sobre os dons espirituais. O que caracteriza a verdadeira espiritualidade é o amor; não os dons. A igreja de Corinto tinha todos os dons, mas era imatura espiritualmente. Conhecemos um cristão maduro pelo fruto do Espírito; não pelos dons do Espírito. No texto em apreço, Paulo diz que o amor é superior ao dom de variedade de línguas (1Coríntios 13:1), ao dom de profecia (1Coríntios 13:2), ao dom de conhecimento (1Coríntios 13:2), ao dom da fé (1Coríntios 13:2), ao dom de contribuição (1Coríntios 13:3) e até mesmo ao martírio (1Coríntios 13:3). Sem amor, os dons podem ser um festival de competição em vez de uma plataforma de serviço. Sem amor, as nossas palavras, por mais eloquentes, produzem um som confuso e incerto. Sem amor, mesmo que ostentando os dons mais excelentes, como profecia, conhecimento e fé, nada seremos. Sem amor, as nossas ofertas podem ser egoístas, visando apenas ao engrandecimento em vez de a glória de Deus e o bem do próximo. Sem amor, os nossos gestos mais extremos de abnegação, como o próprio martírio, de nada nos aproveitará. O amor dá sentido à vida e direção na caminhada. Quem ama vive na luz, conhece a Deus e se torna conhecido como discípulo de Jesus.

Em segundo lugar, *as virtudes do amor* (1Coríntios 13:4-8). Como podemos descrever as virtudes do amor? Nesse mais importante texto sobre

PREGAÇÃO TRANSFORMADORA

o amor, o apóstolo Paulo nos oferece uma completa definição. Primeiro, o amor é conhecido por aquilo que é: o amor é paciente e benigno. Segundo, o amor é conhecido por aquilo que ele não faz: o amor não arde em ciúmes, não se ufana, não se ensoberbece, não se conduz inconvenientemente, não procura seus interesses, não se exaspera, não se ressente do mal; não se alegra com a injustiça. Terceiro, o amor é conhecido por aquilo que ele faz: o amor regozija-se com a verdade. Quarto, o amor também é conhecido por aquilo que ele é capaz de enfrentar na jornada da vida: o amor tudo sofre, tudo crê, tudo espera, tudo suporta. Finalmente, o amor é conhecido pela sua indestrutibilidade: o amor jamais acaba; mas, havendo profecias, desaparecerão; havendo línguas, cessarão; havendo ciência, passará. O amor é a maior das virtudes, o maior dos mandamentos, o cumprimento da lei de Deus. O amor é a maior evidência de maturidade espiritual, a mais eloquente comprovação do discipulado e a garantia mais sólida da genuína conversão.

Em terceiro lugar, *a perenidade do amor* (1Coríntios 13:9-13). O amor jamais acaba porque agora conhecemos em parte e, em parte, profetizamos. Contudo, quando Jesus voltar em Sua majestade e glória, inaugurando o que é perfeito, então o que é em parte será aniquilado. Agora, vemos como em espelho, obscuramente; então, veremos face a face. Quando Jesus voltar e recebermos um corpo imortal, incorruptível, glorioso, poderoso, espiritual, celestial, semelhante ao corpo de Sua glória, então conheceremos como também somos conhecidos. Agora, permanecem a fé, a esperança e o amor, estes três; porém, o maior destes é o amor. No céu, não precisaremos mais de fé nem mesmo de esperança, mas o amor será o oxigênio do céu, o fundamento de todas as nossas relações pelo desdobrar da eternidade. Porque Deus é Eterno e amor, o amor dura para sempre. Ainda que o sol pudesse perder sua luz e sua claridade; ainda que as estrelas deixassem de brilhar no firmamento; ainda que os mares secassem e os prados verdejantes se tornassem desertos tórridos, ainda assim, o amor continuaria sobranceiro, vivo e vitorioso para sempre. O amor jamais acaba. O amor é a verdadeira marca do cristão, desde agora e para sempre!

# 96

## COMO LIDAR
## COM A DOR DA ALMA

### (Mateus 26:36-46)

O sofrimento que Jesus Cristo suportou no Getsêmani é maior que qualquer ser humano jamais sentiu. O Filho de Deus estava no meio das oliveiras daquele jardim, passando pela prensa do juízo divino. Ele suou sangue, pois ali viu o prelúdio da cruz, quando seria traspassado pelas nossas transgressões e desamparado por Deus. Beberia o cálice amargo da ira divina contra o pecado e sofreria o golpe da lei, morrendo em lugar dos pecadores. No Getsêmani, Jesus não ocultou Sua dor, antes admitiu-a para si mesmo e a expressou para Seus discípulos e para o Pai. Vejamos como Jesus lidou com a dor da alma.

Em primeiro lugar, *Jesus admitiu Sua dor para si mesmo* (Mateus 26:37). *E, levando consigo a Pedro e aos dois filhos de Zebedeu, começou a entristecer-se e a angustiar-se.* É muito importante entender que o sofrimento de Cristo foi só dele. Foi sofrimento vicário; não podemos compartilhar esse sofrimento. Ele não sofreu conosco, mas por nós. Ele veio apenas para estar ao nosso lado, para assumir o nosso lugar. Quando, porém, travou aquela titânica luta no jardim de Getsêmani, Sua alma foi invadida de tristeza e angústia. Jesus não escondeu Sua dor. Não ocultou Seu drama. Essa atitude pode nos ensinar muito. Não precisamos esconder as dores que pulsam em nossa alma e latejam em nosso coração. É necessário dizer que está doendo. É preciso espremer o pus da ferida. Não podemos amordaçar a nossa voz quando entramos no Getsêmani da nossa vida.

Em segundo lugar, *Jesus admitiu Sua dor para os outros* (Mateus 26:38). *Então, lhes disse: A minha alma está profundamente triste até à morte; ficai aqui e vigiai comigo.* Jesus falou muitas coisas para a multidão. Quando falou sobre o

PREGAÇÃO TRANSFORMADORA

traidor, compartilhou isso apenas para os discípulos, mas, quando a tristeza avassaladora e a angústia de morte invadiram Sua alma, no Getsêmani, compartilhou essa dor apenas para o núcleo mais achegado dos discípulos: Pedro, Tiago e João. Jesus nos ensina a compartilhar a nossa dor, mas não com todas as pessoas, apenas com aquelas que nos são mais achegadas. Jesus, mesmo sendo o Filho de Deus, pediu a companhia dos Seus discípulos e exigiu deles vigilância. Não basta admitir a nossa dor apenas para nós mesmos; precisamos compartilhá-la. No caso de Jesus, Ele não encontrou a solidariedade dos Seus discípulos mais achegados. Eles dormiram enquanto Jesus suava sangue. Eles não oraram nem vigiaram enquanto o Filho de Deus travava a mais decisiva batalha da humanidade. Nós precisamos de amigos ao nosso lado quando a nossa alma é fuzilada pela dor e quando as sombras da morte caem sobre nós.

Em terceiro lugar, *Jesus admitiu Sua dor para o Pai* (Mateus 26:39). *Adiantando-se um pouco, prostrou-se sobre o seu rosto, orando e dizendo: Meu Pai, se possível, passe de mim este cálice! Todavia, não seja como eu quero, e sim como tu queres.* Jesus não apenas admitiu Sua dor para si mesmo e para Seus discípulos, mas também admitiu-a perante o Pai. Não apenas abriu Seu coração aos homens, mas também a Deus. Jesus enfrentou Seu sofrimento não com murmuração, mas com oração. Lidou com Sua dor não para evadir-se da vontade do Pai, mas para realizá-la com plena submissão. Ele suou sangue no Getsêmani não para fugir da cruz, mas para marchar rumo a ela como um rei caminha rumo a coroação. Aprendemos com Jesus que devemos levar as nossas dores e colocá-las nas mãos do Pai. Aprendemos que em nossas angústias precisamos fazer a vontade do Pai; não a nossa. Aprendemos que, quando nos curvamos humildemente diante de Deus, levantamo-nos corajosamente diante dos homens. Aprendemos que, pela oração, triunfamos sobre a tristeza mais cruel e sobre a angústia mais avassaladora.

# 97

# COMO LIDAR VITORIOSAMENTE COM AS CRÍTICAS

## (1Samuel 17:28-30)

As críticas podem ser uma cova para os pés ou um livramento para a alma. Se temos consciência de quem somos em Cristo, não podemos depender dos elogios nem nos desencorajarmos com as críticas. É impossível viver vitoriosamente sem lidar com críticas. Os críticos estão espalhados por todos os lados e não nos pouparão. Davi teve de lidar com alguns críticos como o gigante Golias e o rei Saul. Mas o crítico mais amargo de Davi foi Eliabe, seu irmão mais velho. O texto de 1Samuel 17:28-30 mostra com cores vivas essa triste realidade. A crítica sempre dói, mas há momentos em que a crítica dói mais.

Em primeiro lugar, *a crítica dói mais quando vem daqueles que deveriam estar do nosso lado e estão contra nós.* Eliabe era irmão de Davi, mas estava contra ele. Devia estar do lado de Davi, mas tornou-se seu adversário mais ferrenho. Às vezes, as lutas mais amargas que travamos são as que enfrentamos com as pessoas da nossa própria casa ou da nossa própria igreja.

Em segundo lugar, *a crítica dói mais quando vem daqueles que nos conhecem há muito tempo.* Eliabe era o irmão mais velho de Davi, e Davi era o caçula de oito irmãos. Logo, Eliabe viu Davi nascer e crescer. Conhecia o caráter de Davi e sua destemida coragem. Mesmo assim, Eliabe se pôs contra Davi, pois a coragem do irmão denunciava sua covardia.

Em terceiro lugar, *a crítica dói mais quando vem envelopada em destempero emocional.* Eliabe irou-se contra Davi porque este se dispôs a enfrentar o gigante Golias, de quem Eliabe e os demais soldados fugiam havia quarenta dias, com as pernas bambas de medo. Eliabe ficou irado porque teve medo

PREGAÇÃO TRANSFORMADORA

que Davi fosse mais honrado que ele. Eliabe viu seu irmão não como parceiro, mas como rival.

Em quarto lugar, *a crítica dói mais quando é contínua, sem descanso nem pausa*. Diante de chuvarada de críticas de Eliabe, Davi declarou: *Que fiz eu agora? Fiz somente uma pergunta*. Davi estava dizendo com isso que Eliabe era um crítico contumaz. Fazia parte do seu perfil ser um homem duro com os outros e complacente consigo mesmo. Parecia até que o "ministério" de Eliabe era o ministério da crítica. Em vez de enfrentar o gigante, Eliabe tentou desmoralizar Davi, e isso porque este se dispôs a enfrentá-lo.

Em quinto lugar, *a crítica dói mais quando o crítico julga até as nossas intenções*. Eliabe fez um juízo de valor, quando disse a Davi que conhecia sua presunção e maldade, pois estava ali apenas para ver a peleja. Nada mais injusto e inverídico! Davi estava sendo muito humilde em estar naquele acampamento de guerra, uma vez que o profeta Samuel já o tinha ungido como o futuro rei de Israel, em lugar de Saul. Mesmo assim, aceitou uma ordem de seu pai para tomar o humilde posto de um *office boy* e levar um lanche para os seus irmãos no *front* de batalha. Os críticos têm a audácia de transformar as nossas virtudes em defeitos e seus juízos temerários, em afirmações categóricas.

Em sexto lugar, *a crítica dói mais quando o crítico visa a nos humilhar em público*. Eliabe deu sua última cartada e tentou humilhar Davi diante dos soldados de Saul, perguntando-lhe: *E a quem deixaste aquelas poucas ovelhas no deserto?* Eliabe está dizendo a Davi que ele deveria se recolher à sua insignificância, pois não passava de um simples pastor e jamais poderia ocupar o posto de um destemido soldado de Israel. Davi não perdeu a paz nem o foco com as críticas injustas de Eliabe; antes, fugiu dele. A melhor maneira de lidar com os seus críticos é fugir deles. Se você der ouvidos aos críticos, perderá o sono, a paz e o foco. Deus chamou você para fugir dos críticos e vencer os gigantes!

# 98

# PROCURE O QUE FOI PERDIDO
# DENTRO DA SUA CASA

(Lucas 15:8-10)

A parábola da dracma perdida faz parte do conjunto de parábolas que Jesus contou em Lucas 15 para ilustrar o amor de Deus pelos pecadores indignos. Nas três parábolas, Deus busca o que estava perdido, encontra o que estava perdido e celebra com efusiva alegria a recuperação do que estava perdido.

Voltaremos a nossa atenção para a parábola da dracma perdida. Algumas lições merecem destaque:

Em primeiro lugar, *a mulher perdeu algo de valor dentro de casa*. Ela perdeu uma moeda de sua coleção. Das dez dracmas, a mulher perdeu uma e a perdeu dentro de casa. Mais importante que os valores são os relacionamentos. Mais precioso que os bens são as pessoas. Muitas vezes, por descuido, nós também perdemos verdadeiros tesouros dentro de casa. Perdemos a comunicação, perdemos a alegria da comunhão, perdemos o puro amor com o qual devemos nos amar uns aos outros.

Em segundo lugar, *a mulher não se conformou com a perda*. A mulher poderia ter se conformado com a perda da moeda. Afinal, ainda tinha nove delas guardadas em segurança. Mas essa mulher não aceitou passivamente a perda. Não se conformou com a derrota. Ela não desistiu de recuperar a moeda perdida. Muitas vezes, somos descuidados em guardar os tesouros que temos e, quando os perdemos, somos vagarosos e até desanimados para procurar o que se perdeu. Conformamo-nos facilmente com a derrota, como o sacerdote Eli. Preferimos desistir do casamento, dos relacionamentos, da luta em vez de recuperar o que se perdeu.

## PREGAÇÃO TRANSFORMADORA

Em terceiro lugar, *a mulher acendeu a candeia para procurar o que havia perdido*. As casas na Palestina não possuíam janelas. Eram ambientes escuros e ensombreados. Era impossível procurar algo perdido sem acender a candeia. Se queremos reencontrar o que perdemos dentro da nossa casa, precisamos de igual forma acender a candeia. A candeia é um símbolo da Palavra de Deus. Precisamos iluminar a mente, o coração e os relacionamentos pela luz da Palavra se de fato queremos encontrar esses tesouros perdidos dentro da nossa casa.

Em quarto lugar, *a mulher varreu a casa para procurar o que se havia perdido*. A mulher teve coragem de mexer e remover do lugar muita coisa. Ela teve iniciativa e esforço. Enfrentou o desconforto da desinstalação. Levantou muita poeira ao varrer cada canto da casa à procura do seu tesouro perdido. Se queremos a restituição desses tesouros perdidos dentro da nossa casa, precisamos de igual forma procurá-los diligentemente. Não podemos ser omissos nem acomodados. Não podemos ter medo de mexer em algumas coisas já sedimentadas. Não podemos ter medo de desconforto. Há muitos indivíduos que estoicamente desistem de procurar o que se perdeu em sua vida, em seu casamento, em sua família. Preferem encontrar justificativas para as perdas a investir tempo na busca do que se perdeu. Não devemos desistir jamais, pois o desconforto da busca não nos deve privar da alegria do encontro.

Em quinto lugar, *a mulher comemorou com grande alegria o encontro daquilo que estava perdido*. A mulher perdeu a moeda no recesso do lar, sob as sombras do anonimato, mas celebrou publicamente o encontro da dracma com o amparo da luz. As nossas conquistas e bênçãos devem ser conhecidas e proclamadas. As outras pessoas devem conhecer as nossas vitórias e participar das nossas alegrias. Há festa no céu quando um pecador se arrepende e quando o perdido é encontrado; também há alegria diante dos homens quando os tesouros que perdemos dentro da nossa casa são encontrados. É tempo de acender a candeia e pegar a vassoura. É tempo de procurar diligentemente aquilo que foi perdido. É tempo de celebrar com os nossos irmãos as vitórias que vêm de Deus e a restituição das bênçãos de outrora!

# 99

# ENCURRALADO
# POR DEUS

(Salmos 139:1-24)

O rei Davi, no Salmo 139, mostra de forma incontroversa que é impossível o homem escapar do conhecimento, da presença e do poder de Deus. Três atributos incomunicáveis de Deus são destacados e uma conclusão prática é estabelecida. Vejamos:

Em primeiro lugar, *somos encurralados pelo conhecimento absoluto que Deus tem a nosso respeito* (Salmos 139:1-6). Se nós não conseguimos sondar e conhecer plenamente a nós mesmos, Deus nos sonda e nos conhece (v. 1). Ele conhece todos os nossos movimentos, ou seja, quando nos assentamos e levantamos (v. 2). Conhece até mesmo os nossos pensamentos (v. 2). Deus vai além. Ele esquadrinha o nosso andar e o nosso deitar. Na verdade, Ele conhece todos os nossos caminhos (v. 3). Deus conhece todas as nossas palavras, mesmo antes de nós as proferirmos (v. 4). Deus nos encurrala por todos os lados, conhecendo a nossa vida como jamais alguém poderia conhecê-la. Diante da onisciência de Deus, ficamos completamente esmagados (v. 5,6).

Em segundo lugar, *somos encurralados pela presença de Deus que nos acompanha para onde formos* (Salmos 139:7-12). É impossível ausentar-se do Espírito de Deus e fugir de Sua face (v. 7). Tanto os mais altos céus como o mais profundo abismo não seriam esconderijos seguros para nos escondermos de Deus (v. 8). Os confins dos mares não estão fora do alcance da onipresença de Deus (v. 9,10). Nem mesmo as trevas podem nos encobrir de Seus olhos, pois para Deus as próprias trevas são como a luz (v. 11,12). Deus é inescapável. Em relação a Deus, estamos num beco sem saída. Ele nos cerca por todos os lados. É impossível fugir de Sua presença.

PREGAÇÃO TRANSFORMADORA

Em terceiro lugar, *somos encurralados pelo poder do Deus que nos fez de forma tão extraordinária* (Salmos 139:13-18). Como poderíamos escapar daquele que nos criou e nos formou? Como fugir daquele que formou o nosso interior e nos teceu no ventre da nossa mãe? (v. 13). Em vez de pegarmos tolamente uma rota de fuga para tentar, em vão, escapar de Deus, deveríamos dar graças a Ele pela forma tão assombrosamente maravilhosa com que Ele nos formou (v. 14). Nosso corpo, embora frágil, é de uma complexidade indescritível. Somos um ser programado geneticamente. Temos em nosso corpo cerca de sessenta trilhões de células vivas e em cada uma delas um metro e setenta centímetros de fita DNA, onde estão gravados e computadorizados todos os nossos dados genéticos. Sabemos que os códigos de vida não são gerados espontaneamente. Os códigos de vida não surgem de uma explosão cósmica nem de uma evolução de milhões e milhões de anos. Os códigos de vida foram plantados em nós pelo Criador Onipotente. Deus não só nos viu quando éramos apenas uma substância informe, mas também escreveu no seu livro todos os nossos dias, quando nenhum deles havia ainda (v. 15,16). Diante da grandeza insondável de Deus, só nos resta ficar extasiados (v. 17), sobretudo diante da nossa limitação e incapacidade (v. 18).

Em quarto lugar, *somos encurralados pelos nossos próprios pecados e não temos alternativa senão buscar o perdão divino* (Salmos 139:19-24). Porque Deus é Onisciente, Onipresente e Onipotente, não existe nada mais insensato do que o homem perverso tentar desafiá-lo (v. 19,20). Davi firmemente se posiciona contra aqueles que se insurgem insidiosamente contra Deus. Ele aborrece a quem Deus aborrece. Ele abomina ao que Deus abomina (v. 21,22). Mas Davi, encurralado por Deus, vai além. Ele não apenas declara seu desgosto contra aqueles que se rebelam contra Deus e contra o próximo para derramarem sangue, mas volta suas armas para si mesmo e clama a Deus para sondá-lo e prová-lo (v. 23). Roga a Deus não apenas para trazer à tona o que há de mau em seu coração, mas também pede a Ele para guiá-lo pelo caminho eterno (v. 24). Você e eu estamos encurralados por Deus. O que vamos fazer? A única atitude sensata é rendermo-nos aos Seus pés!

# 100

# JESUS: O REMÉDIO
# PARA UMA IGREJA ENFERMA

(Apocalipse 2—3)

Alguns estudiosos da Bíblia das fileiras do dispensacionalismo afirmam que as setes igrejas da Ásia Menor são um símbolo dos sete períodos da história da igreja, assim classificados: Éfeso simboliza a igreja apostólica; Esmirna, a igreja dos mártires; Pérgamo, a igreja oficial dos tempos de Constantino; Tiatira, a igreja apóstata da Idade Média. Sardes, a igreja da Reforma; Filadélfia, a igreja das missões modernas; e Laodiceia, a igreja contemporânea. Essa classificação, entretanto, não tem nenhum amparo histórico nem fundamentação bíblica.

Jesus elogia duas dessas igrejas: Esmirna e Filadélfia, mesmo sendo a primeira pobre e a segunda, fraca. Quatro delas recebem elogios e censuras: Éfeso, Pérgamo, Tiatira e Sardes. A última, Laodiceia, só recebe censuras e nenhum elogio. Algumas lições podemos aprender com essas igrejas:

Em primeiro lugar, *Jesus conhece profundamente a Sua igreja.* Jesus está no meio da igreja e anda no meio dela. A cinco dessas igrejas (Éfeso, Tiatira, Sardes, Filadélfia e Laodiceia), Jesus disse: *Conheço as tuas obras.* À igreja de Esmirna, Jesus disse: *Conheço a tua tribulação.* E à igreja de Pérgamo, Jesus disse: *Conheço o lugar em que habitas, onde está o trono de Satanás.* Jesus conhece as obras da igreja, os sofrimentos da igreja e o lugar onde a igreja está estabelecida.

Em segundo lugar, *Jesus não se impressiona com aquilo que impressiona a igreja.* O diagnóstico de Jesus difere da nossa avaliação. O que nos impressiona não impressiona Jesus. À pobre igreja de Esmirna, Jesus disse: *Tu és rica;* mas à rica igreja de Laodiceia, Jesus disse: *Tu és pobre.* A riqueza de uma igreja não está na beleza do seu santuário nem na pujança de seu orçamento, mas

## PREGAÇÃO TRANSFORMADORA

na vida espiritual de seus membros. À igreja de Sardes, que dá nota máxima por sua espiritualidade, julgando-se uma igreja viva, Jesus diz: *Tu estás morta.* À igreja de Filadélfia, que tinha pouca força, Jesus diz: *Eu coloquei uma porta aberta diante de ti.*

Em terceiro lugar, *Jesus não se contenta com doutrina sem amor nem com amor sem doutrina.* Jesus elogia a igreja de Éfeso por sua fidelidade doutrinária, mas a reprova pelo abandono do seu primeiro amor. A igreja de Éfeso era ortodoxa, mas faltava-lhe piedade. Tinha uma boa teologia, mas não devoção fervorosa. Por outro lado, Jesus elogia a igreja de Tiatira pelo seu amor, mas a reprova por sua falta de zelo na doutrina. A igreja tinha obras abundantes, mas estava tolerando o ensino de uma falsa profetisa. Não podemos separar a ortodoxia da piedade nem a doutrina da prática do amor.

Em quarto lugar, *Jesus sempre se apresenta como solução para os males da igreja.* A restauração da igreja não está na busca das novidades do mercado da fé, mas em sua volta para Jesus. Ele é o remédio para uma igreja enferma, o tônico para uma igreja fraca e o caminho para uma igreja transviada. À igreja de Sardes, onde havia morte espiritual, Jesus se apresenta como aquele que tem os sete Espíritos de Deus, para reavivá-la. À igreja de Esmirna, que enfrenta a perseguição e o martírio, Jesus se apresenta como aquele que venceu a morte. Jesus é plenamente suficiente para suprir as necessidades da Sua igreja, plenamente poderoso para restaurar a Sua igreja e plenamente gracioso para galardoar a Sua igreja.

Em quinto lugar, *Jesus se apresenta à Sua igreja para fazer alertas e também promessas.* A todas as igrejas, Jesus faz solenes alertas e também generosas promessas. Andar pelos atalhos da desobediência é receber o chicote da disciplina, e permanecer no pecado é receber o mais solene juízo. Mas permanecer na verdade é ser vencedor. Arrepender-se e voltar-se para Deus é receber do Filho de Deus as mais gloriosas promessas de bênçãos no tempo e na eternidade, na terra e no céu!

Sua opinião é importante para nós.

Por gentileza, envie-nos seus comentários pelo e-mail:

**editorial@hagnos.com.br**